OHSAMA BUNKO

龍神のすごい浄化術

SHINGO

三笠書房

はじめに――龍神様とのご縁がつながる本

こんにちは！　ＳＨＩＮＧＯ《シンゴ》です。

この本を通じて、あなたとお会いできたことを心からうれしく思っています。

私は**龍神様**について、みなさんにお伝えする活動をしています。

なぜ、私はこのような活動をしているのか？

その理由は、**私が龍神様に命を救っていただいた**からです。


２０１６年、私は勤めていた会社での激務がたたり、うつ病になってしまいました。その結果会社を退職し、仕事もお金もないお先真っ暗な状態に陥《おちい》ります。

そんな私を救ってくれたありがたい存在――それが龍神様だったのです！

和歌山県にある聖地・**高野山**で、私は初めて龍神様にお会いしました。燈籠堂《とうろうどう》と呼ばれるお堂の中に、龍神様が「どーん！」と現れたのです。最初は自分の目を疑いました。しかし、そこにいらっしゃったのは確かに龍神様です。

それからというもの、**私の人生は１８０度変わりました。**当時はお金も仕事も何もない、ただのしがないダメ・サラリーマンでした。しかし龍神様のおかげで、仕事も収入も人間関係も絶好調になったのです。

私は龍神様に関する本を、すでに何冊か世に出しています。サラリーマン時代から、ずっと「なりたい！」と思っていた作家になる夢が実現したのです。また、書く仕事以外にも、講演家としての活動も始まりました。しかも国内だけでなく、アメリカや中国でセミナーを何回も開催し、現地の人たちに龍神様のすばらしさを伝えることで、心からよろこんでもらうことができました。

いまや、**龍使い**（龍のエネルギーを使える特殊技術を持つ人のこと）を育てるべく、龍使い育成学校の校長先生として、３００人以上の生徒を指導しています。

また、世界遺産・熊野三山の奥宮といわれる**玉置神社**《たまき》でも、高野山のときと同じように龍神様にお会いしました。私はこの玉置神社の大規模改修工事を応援しています。私が執筆した本の印税は全額、奉賛金《ほうさんきん》としてお収めするなど、日本中の神社により一層元気になっていただく活動にも力を入れています。

私はいま、会社を辞めた当時と比べて**考えられないほどの幸せな人生を送っています。これらはすべて「龍神様のおかげ」なのです。**

私はこの経験から**「龍神様はすごいんだよ！」「龍神様は人生を変えてくれるんだよ！」**ということを、声を大にして伝えたいのです。

日本人は真面目な性格の人が多いようです。でも残念なことに、がんばっても、がんばっても幸せになれない人がたくさんいます。この本を手に取ってくださったあなたも、そんな「がんばり屋さん」かもしれないなと勝手に推測しています。

もしあなたが、

「もう、がんばるのは嫌だな。でも、もっと楽しい人生にしたいな……」

「このまま歳をとって、いまのままの生活がずっと続くなんて……」

「もっと私らしく、自分の人生を花開かせたいな……」

など、自分の未来に対して、少しでも不安を感じるならば、ぜひ**龍神様のお力**

をお借りしてください。

龍神様はいつでもどこでも、私たち人間に愛のエネルギーを送ってくれています。それは赤子を慈《いつく》しむ母のようです。温かい気持ちで私たちをそっと見守ってくれ、そして時折、私たちの人生をダイナミックに変えてくれるのです。


本文で詳しく説明しますが、いま私たちが生きているのは「土の時代」が終わり、**「風の時代」**へと変わるタイミングです。「土の時代」は「目に見えるものを大切にする時代」、「風の時代」は**「目に見えないものを大切にする時代」**です。

本書が刊行される時点では、「風の時代」がようやく始まった、という頃合いです。これからますます「風の時代」の勢いが加速し、「目に見えないものを大切にする人たち」がもっともっと増えることでしょう。

そして**「風の時代」をリードしていく神様こそ、「龍神様」**なのです。龍神様が風の時代を導いてくださり、そのおかげで私たち人間はどんどん軽やかに生きやすくなるのです。いま、私たちはまさに**「龍の時代」**を生きています。

「ご縁」というのも「目に見えないもの」ですね。

もしかしたら、この本を通じてあなたに出会えたのも、**龍神様のおはからい**かもしれません。いや、きっとそうです！

龍神様からいただいたあなたとのご縁を、龍神様と、そしてあなたに感謝申し上げます。私とつながっていただき、本当にありがとうございます。

本書では龍神様の得意技のひとつ**「浄化術」（邪気払い）**に焦点を当てました。**「龍神様の浄化術」を通じて、「龍神様と仲良くなる人がひとりでも増えること」**を願っています。

そして、この本があなたの人生の重荷を取り除き、体と心を軽くしたら、著者として、これほど幸せなことはありません。

龍神様との出会いを思いっきり楽しんでください！

SHINGO

◎目次

第1章

龍神は、いつでも・どこでも守ってくれる【朝・昼・夜の浄化術】

第2章 龍神は、豊かなお金の流れを生む【お金の浄化術】

第3章 龍神は、良縁を導いて悪縁を断つ【人間関係の浄化術】

第4章

龍神は、部屋をパワースポットに変える

【住まいの浄化術】

第5章

龍神は、黄金のドラゴンオーラを強めてくれる【低級霊の浄化術】

エピローグ

誰もが愛にあふれた、すばらしい存在
「龍の時代」を颯爽《さっそう》と生きる

編集協力　我妻かほり
執筆協力　山下美保子
本文イラスト　ツルモトマイ
本文ＤＴＰ　株式会社Ｓｕｎ　Ｆｕｅｒｚａ

プロローグ

お金・仕事・人間関係……龍神の浄化術ですべて叶う！

「なんだかうまくいかない……」の正体とは？

「最近、ちょっと元気が出ないな」

「少しのことで、イライラしちゃう」

「すぐ落ち込む……、ひょっとしてうつ病かも!?」


最近、こんなことを感じていませんか？　誰しも不調を感じるときはあるものです。もし、「仕事や人間関係で、なんだかうまくいかないな……」と感じているのなら、その原因は**「邪気」**かもしれません。

何となく耳にしたことのある「邪気」という言葉。その正体はいったい何なのでしょうか？　漢字の意味から考えてみましょう。

「邪気」は「邪《よこしま》な気」と書きます。「邪」とは「横しま」とも書き、つまりは「本来の状態から横にある・ズレている」状態です。

「邪気」の「気」とはエネルギーや雰囲気など、「目に見えない力」のことです。すなわち「邪気」とは**「あなたの本来の状態を乱す目に見えない力」**のことです。

問題が「目に見えること」であれば、その対処方法は難しくありませんね。例えば、風邪をひいたらその症状ははっきりと目に見えます。病院に行ったり、薬を飲んだりすることで解決します。雨が降ったら、雨ははっきりと目に見えますね。ですから、傘を差したり、お店に入って雨宿りをしたりすることで対処ができます。

ですが、**「邪気」は目に見えません。**

そのため対処の方法が非常に難しいのです。それでいて、「邪気」は体調を崩したり、人生をつまらないものにしたりします。

このやっかいな存在「邪気」に、どう対処したらいいのでしょうか？

神話の時代から伝わる「人生を変える方法」

そこで登場するのが**「浄化術＝邪気払い」**です。

邪気を払うことは、日本では古くから非常に大切にされてきました。

例えば、神社でお参りするときは必ず「手水舎《ちょうずや》」に行き、**手を清めてからお参りしますね。**これは日々の生活でついてしまった「邪気」を払ってから、神様にお参りしましょうという儀式です。

また、神主さんがご祈祷するときに唱える祝詞《のりと》（強力な言霊《ことだま》を持つ、神様に唱える言葉）には、**「祓詞《はらえことば》」**という祝詞があります。

日本神話に登場する国産みの神様、伊弉諾尊《イザナギノミコト》は有名ですね。その伊弉諾尊の邪気を払った祓戸大神《ハラエドノオオカミ》という神様に、「私の邪気を払ってください」とお祈り申し上げるのが、この「祓詞」です。古来、日本では神様にお願いをし、生活の無事を祈るときは、必ず「邪気払い」とセットで行ってきたのです。

日本でずっと大切にされ続けてきた「邪気払い」。数千年という長い年月を経ても廃《すた》れなかった理由は、それほど**「邪気払い」に強力なパワーがあるから**と考えられます。

「邪気払い」のパワーとは、**人生を変える力**そのものです。

「邪気払い」とは日本に古くから伝わる**「人生を変える方法」**であり、「邪気払い」をすればビックリするほど**人生がうまくいく**のです。

ただし、毎日、神社でご祈祷をしてもらうのは現実的ではありませんね。

この本を読んでくださっているみなさんは、神社にお参りしたくてもその時間がなかなかとれず、お仕事をしたり、家事をしたり、育児をしたりする時間のほうが圧倒的に長いことでしょう。しかし、そうした仕事・家事・育児などでストレスを感じていると、その**ストレスが「邪気」になる**ケースも多いのです。

したがって、日常的に邪気を払う方法を知っておくのが大切です。

この本では日々の暮らしの中で、誰でも簡単にすぐできる「邪気払い」の方法をお伝えしていきます。

なぜ、9割の浄化はうまくいかないのか？

「邪気払い」の方法は世の中にたくさんあります。代表的なものは「玄関に盛り塩を置く」「塩風呂（お風呂に塩を入れて入ること）」などです。それ以外にもさまざまな方法が、書籍や雑誌などで紹介されていますね。ですが、残念ながら9

割の人が「間違った邪気払い」をしているのです！　そのため、期待通りの効果が得られていないのですからショックですが、事実です。

では、9割の人がしてしまっている「間違った邪気払い」、いったいどこが間違いなのでしょうか？　それを理解してもらうためには「正しい邪気払い」を先にご説明するのがいいでしょう。

「正しい邪気払い」とは、「神様のお力を借りる邪気払い」です。邪気払いをするときは、絶対に神様のお力を借りたほうが良いのです。

ではなぜ、神様のお力を借りたほうが良いのでしょうか？

先ほどお伝えした祓戸大神《ハラエドノオオカミ》をはじめとして、**昔から日本の神様は「邪気払い」を得意とされてきました。**神社では季節ごとにお祭りが行われますね。お祭りでは、その地域に住む住民たちが「神様、困ったことが起こりませんように。天災や飢饉から我々をお守りください」と、その土地に災難が起こらないように祈願します。人々は災難を起こす「邪気」を払ってもらうように神様にお願いをし、神様はその願いを受け入れてきました。

昔から「餅《もち》は餅屋」ということわざがあります。「仕事はその道の専門家に任せたほうがいい」という意味です。**「邪気払い」は昔から人々の邪気を払ってきた「神様」にお任せしましょう。**「餅は餅屋」、「邪気払いは神様」です。

では、冒頭でお伝えした9割の人が行っている「間違った邪気払い」とは何でしょうか？　それは**「神様のお力を借りない邪気払い」**です。もっとシンプルにいえば**「自分でがんばる邪気払い」**です。

毎日、毎日、塩風呂に入っているのに人生がパッとしない。毎日、毎日、必死に断捨離をしているのに、人生が上向きにならない、という人がいます。その理由は「自分でがんばっているから」です。どんなに邪気払いをがんばっても、神様のお力をお借りしなければ、邪気払いは中途半端で終わってしまいます。

「神様のお力を借りるなんて難しい」と思われる方も多いでしょう。そんな方にこそ、本書はうってつけです。本書では、邪気払いが大得意な神様に登場してもらい、暮らしのさまざまな場面でその神様に「邪気」を払ってもらう方法をこれでもか！　とたくさんご紹介していきます。だからどうぞ、ご安心ください。

龍神のパワーをお借りするのが「正しい邪気払い」

では、その邪気払いが大得意な神様とは、いったいどの神様でしょうか？

それが**「龍（龍神）」**なのです。

龍は世界中の神話に登場する神様で、日本では近年のスピリチュアルブームと相まって、非常に人気の高い神様です。

「スピリチュアルはちょっと怪しい感じがして苦手だけど、龍はなんだか好き」という人がいるほど、龍は大人気です。

それもそのはず、子《ね》（鼠）・丑《うし》（牛）・寅《とら》（虎）・卯《う》（兎）……十二支には唯一、実際の動物ではない神様として「辰《たつ》」＝「龍」が含まれていますね。

また、お名前にも「龍」という文字が入っている人がいます（例……龍一さん、龍二さん、龍太郎さんなど）。他の神様にはこんな身近な存在はいません。

このように、龍は日本人にとって非常になじみの深い存在です。

また、占星術の世界では**２０２０年12月22日から「地の時代」から「風の時代」に入った**といわれています。「地の時代」とは、「物質主義」の時代であり、目に見えるものを大切にする時代です。逆に、**「風の時代」とは、「精神主義」の時代であり、目に見えないものを大切にする時代**です。

「風の時代」に入ってから、スピリチュアルに興味を持つ人が増えてきています。しかし、もともと日本はスピリチュアルに対するアレルギーが強い人が他の国に比べて多い傾向にありました。「スピリチュアルに興味はあるけど、やっぱり少し抵抗がある」という人にさえ、「龍」という存在は受け入れられているのです。

その理由は、**「龍」は「物質主義」であった人々を「精神主義」に移行させるお役目があるためです。**

龍の五大得意技のひとつ、「すごい浄化術」

龍には得意技が5つあります。その得意技はすべて「ジョー」という頭文字がついていますので、私は**「龍の五大得意技　5つのジョー」**と呼んでいます。

〈龍の五大得意技　5つのジョー〉

①情熱（じょうねつ）
②上昇（じょうしょう）
③成就（じょうじゅ）
④情報（じょうほう）
⑤浄化（じょうか）

①　**情熱**…龍の力に触れると**前向きなパワーが出て元気になります。**多くの経営者やアスリートが龍を好んでいますが、その理由は龍の前向きなパワーを借りて、自分のパフォーマンスを最大化させたいからです。

龍の置物や写真を部屋に置いておくだけで、元気が出てきます！

②　**上昇**…龍の力は**人間の人生を大きく変化させます。**ごく普通の女性の会社員がヒーラーとして超有名になったり、ごく普通の主婦が本を出版してベストセラーになったりするなど、人生のステージをズドーンと変える威力があるのです。

また、**龍はお金とも縁が深く、金運を「上昇」させるのも得意です。**「100万円以上の臨時収入が！」というよろこびの声を聞くこともたくさんあります。

③　**成就**…龍は**人間の夢を叶えることが大好きです。**龍にお願いごとをすると、

その夢を必ず叶えてくれます。

龍は人間を応援したり、人間の行動を後押ししたりすることを好みます。龍は人間の願望を成就させることによろこびを感じるのです。

④ **情報**…龍は**知恵や知識を司る叡智《えいち》の神様**でもあります。なので人間にさまざまなことを教えてくれます。悩みの解決方法や、今後の方向性などを指し示してくれるのです。

⑤ **浄化**…そして本書のテーマである「**浄化**」も**龍は大得意!!** 龍は**水の神様**です。水の「流れ」の「**流**」**は**「**龍**」**と同じ意味を持ちます**。
水がよどみやくもりを押し流してくれるように、**龍のエネルギーは人間の「邪気」を押し流してくれるのです**。

龍神に守られると、運気も爆上がり！

龍の「邪気払い」のパワーは格別です。まるで、台風一過の青空のごとく、すべてのよどみや不調を一掃してくれるのです。

私の周りでも、実際に多くの人がそうした驚くべき体験をしています。いくつかご紹介しましょう。

「龍に関する動画をYouTubeで見ていたら、娘の病気が治りました！」

「龍のことを知り始めてから、長年悩んでいた腰の痛みが良くなりました！」

「私はずっとつまらない人生を生きているって思っていました。でも、龍のことを知ってから毎日がワクワクの連続で、人生が楽しくなりました！」

「龍がそばにいることを感じてから、目にたくさんの光が入るようになって、世界が明るくなりました！」

「いままで、自分ひとりでがんばっていました。でも、龍に頼っていいことを知ってから、心がとってても軽くなりました！」
「龍さんをよく見るようになりました。空を見上げると、いつも龍のような雲を見ます！　それだけでテンションがアップします！」

このように、龍に触れると、体も心もより良いほうへと劇的に変化するのです。

実際に著者である私も、龍のご加護により人生が大きく好転しました。
私には**白龍・黒龍・金龍の3柱《はしら》の守護龍が守ってくださっています。**
「柱」とは神様や龍を数える単位です。守護龍とは、守護霊やガーディアンエンジェル（守護天使）のように、人を守護する龍のこと。守護龍はひとりに1柱以上ついていると、私の守護龍に教えてもらいました。
本書は**私の守護龍から教えてもらった、とっておきの「邪気払い」（浄化術）の方法をみなさんにお伝えします。**

また、私や私の周りの人たちが実際に行ってみて効果があった、誰でも簡単にすぐできる「邪気払い」の方法も一緒にご紹介いたします。

あなたの一日の生活リズムに合わせて、朝・昼・夜の時間帯ごとにどんな「邪気払い」をしたらいいかを具体的に解説しました。

また、お金や人間関係など誰もが気になる目的ごとの「邪気払い」も用意しています！　**日々の暮らしが豊かに変わる**こと、間違いなしです。

そして最後に、関わるとやっかいな低級霊のお祓いの仕方もお伝えしています。


本書を読んでいただき、紹介されているいくつかの方法を試してみるだけで、あなたは龍の力を借りて、不調な日々から脱して**自分らしい幸せな人生**を歩むことがきっとできます。


さあ、あなたの邪気払い、**浄化への旅**が始まります！

ワクワクしながら、子どものような無邪気さで読み進めてください！

第1章

龍神は、いつでも・どこでも守ってくれる

【朝・昼・夜の浄化術】

朝の習慣①
目が覚めたらすぐ、布団の中で龍にお願い！

では、「浄化術（邪気払い）」の具体的な方法をお伝えしていきましょう。

まずは、朝におすすめの習慣からお話しします。

朝は体や心のエネルギーが高まる時間といわれています。逆に夜は日中のストレスや疲れを睡眠とともに解放する時間です。夜が終わり、太陽が昇るとともに、体や心のエネルギーが上昇していきます。

ですから、**朝の時間帯はとても大切な時間帯**だと捉えてください。

しかし一方で、朝の時間はとても慌ただしい時間でもありますね。出勤や家事、育児等の準備でバタバタしているという人も少なくないでしょう。

朝のいそがしい時間帯は、できるだけ時間をかけない邪気払いを知っておくことが大切です。ただし、簡単な方法でも、効果がないと意味がありません。これから紹介するのは、簡単でかつ効果の高い方法です。これをやるか・やらないかだけで、一日の気分ががらりと変わると思って良いでしょう。

プロローグでもお伝えしたとおり、龍は「浄化」が大の得意！　**あなたの心と体にくっついた「邪気」を、龍は「ぽいぽい！」と取り除いてくれます。**

でも「龍の力を借りるといわれても、難しいんじゃないか？」と思う方もいるでしょう。大丈夫！　難しいことは何もありません。まずはシンプルに、

「龍さん、邪気を払ってください！」

とお願いしましょう。

「えっ!?　そんな簡単なことでいいの？」

という人もいるでしょう。でも、これは本当のことなのです。

私が知っている、ある女性のケースを紹介しましょう。彼女は会社勤めでお子さんが4人いらっしゃって、毎日がんばって働いていらっしゃいます。

ただし、日々の努力にもかかわらず、コロナ禍のあおりも受けて、所属する部署の業績は下降気味でした。彼女はそんな状態を「なんとかしたい！」と感じていました。

そこで彼女は毎朝、龍にお願いをすることにしました。

業績が下降していたので、**「龍さん、お金ください」と毎朝、龍にお願いをしたのです**。すると、どうでしょう！

彼女が所属する部署の業績はみるみる回復し始めたのです。そこで、彼女はますます、龍にお願いするようになりました。その結果、業績はさらに右肩上がりに上昇していったのです！　うれしいことに、彼女の収入も部署の業績に伴って上がりました。不思議に思った会社のメンバーが、彼女に成功の秘訣を聞いたところ、彼女は「毎朝、龍にお願いしているんだよ」と答えました。

最初は疑っていた会社の仲間たちも、半信半疑で実践してみると、なんと本当に業績が上向いていきました。心底びっくりしたそうです。いまでは彼女の会社では毎朝、みんなが一緒になって龍にお願いごとをしているそうです。

こんなウソのような本当の話が実在するのです。まさに龍のパワーですね！

目覚めた瞬間が龍に一番近い！

毎朝、龍に「邪気払い」をお願いするのを日課にしましょう。

① 布団の中で**龍のことを考えます。**
② 目を閉じて、**金色の龍**をイメージしてください。
③ ゆうゆうと空を飛んでいる金龍。その金龍に**「龍さん、私の邪気を払ってください！」**とお願いするのです。

布団の中で、体が軽くなったり、暖かさを感じたりする人もいるでしょう。**気**

分が良くなったり、優しい気持ちになったりしたら、龍にお願いが通じた証拠。

あなたの邪気は払われています！

また、もっと具体的に「龍さん、体のだるさを取ってください」「龍さん、ネガティブな性格を直してください」「龍さん、気持ちの落ち込みを直してくださ い」「龍さん、嫌なことが起こらないようにしてください」などとお願いしてもOKです。具体的な改善を龍にお願いするのです。


この龍の邪気払いにはコツがあります。

それは**「起きてすぐ、布団の中で行うこと」**です。

なぜかというと、目が覚めた瞬間が**「龍に最も近い時間」**だからです。

私の守護龍から教わったのですが、**じつは眠っている時間、魂だけが体を抜け出して「神様がいる世界（天国）」に行っている**そうなのです。そして、起きたときに魂が肉体に戻ってくるとのこと。そして、**龍も「神様がいる世界」の住人**です。つまり、目が覚めた瞬間というのは、「神様がいる世界」から魂が戻ってきたばかり。魂が「天国」と「現実」の中間にいる状態なのです。その状態のときに龍に邪気払いをお願いすることは、**天国に最も近い場所での邪気払い**ということになり、効果が最も高くなるのです。

また、目が覚めたときに他にもお願いごとがあれば、同時に龍にお願いしてしまってOKです。例えば**「お金が欲しい」「仕事が欲しい」「恋人が欲しい」**などです。邪気払いのついでに、欲しいものをお願いしちゃいましょう！

「そんなに簡単でいいの？」と思うかもしれませんね。しかし、龍は人間のことが大好きなので、むしろお願いごとをされたほうがうれしいのです。

また、**目が覚めた瞬間は、龍からのメッセージをいただけることも多いです。**目覚めた瞬間に、ふと、思いついた言葉。何気なく思い浮かんだイメージなど。これらの「直感」は、すべて龍からのメッセージです。必ず書き留めるなどして、大切に保存してください。

私は目が覚めたときに龍からもらえるメッセージは、**必ずスマホの「メモ」に書き留めておきます。**そのときにわからなくても、後から「ああ、あの朝の龍からのメッセージはこのことだったんだ！」とわかることがあります。龍からの朝のメッセージが私の人生を大きく変えたことも、一度や二度ではありません。

あなたの運命が変わるのは、朝イチの布団の中かもしれません。

さあ、明日の朝は起きてすぐ、龍に邪気払いをお願いしてみてください！

朝の習慣②
龍の置物や絵に手を合わせて感謝する

布団の中で朝一番で龍に浄化してもらったら、布団から出てさらに龍に浄化をしてもらいましょう。ご自宅にぜひ、**龍の置物や絵を飾っていただきたいのです。**そうすれば、ご自宅に入ってくる邪気を防御することができるからです。

龍の置物や絵をご自宅に置くことがなぜ良いのか、その理由をもう少し詳しくお伝えしますね。

ヒントは**「神社」**にあります。神社にお参りをする際、少し目を上に向けると、拝殿などに龍が彫られているのを見たことがありませんか？　木造の神社建築では、龍が彫られているケースがよくあります。それはなぜなのでしょうか？

木造建築である神社にとって、一番の大敵は「火事」。神社が建てられたころは、まだ消火器も消火ホースもありませんから、一度火がつくと大半の建物が焼けてしまいました。昔の人は火の難から神社を守るために、龍を建物に彫ったのです。**龍は水の神様。雨を降らせたり、止ませたりする能力があります。**

昔の人は神社を火難から守るために「龍の姿形を、目に見えるようにしてそばに置く」ことで、龍のパワーを使っていたのです。

現代に生きる私たちも、この古来の人たちの知恵を使うことができます。つまり、龍の力を使うためには、「龍の姿形を、目に見えるようにしてそばに置く」ことを実践すれば良いのです。

邪気払いの最強アイテムとして欠かすことができないのが、龍の置物です。

さらに、**お金とも縁が深いので金運も上昇させてくれます。**龍は中国では皇帝の象徴で、手には如意《にょい》宝珠《ほうじゅ》と呼ばれる夢を叶える宝玉を持っています。まさに豊かさの象徴です。では、どんな龍の置物をどこに置くといいのでしょうか。

①**大きさ**……私は、できるだけ大きいものを選ぶことをおすすめしています。**大きい龍のほうが、エネルギーが強いからです。**

②**色**……オーソドックスな**金色**が一番いいです。金龍は邪気を払う力が強いためです。（5章「低級霊の浄化術」でも、金龍が登場します）

③**場所**……**リビングがおすすめです。**なぜかというと、龍は人に注目されるのが大好きだからです。リビングは、そこで暮らす人たちが一番集まりやすく、一番意識を向けやすい場所です。

龍は人に注目されたり、人にかまってもらったりすることが好きなので、**できるだけ人が集まる場所**に置いてあげましょう。人目につかない押入の中や寝室の片隅などには、置かないように気をつけましょう。

④**方角**……龍は「四神《しじん》」という方角の神様のうち、**東側を守る**といわれています。白虎《びゃっこ》が西、玄武《げんぶ》が北、朱雀《すざく》が南、**青龍《せいりゅう》が東を守っている**という古くか

らの考えです。ですので、方角がわかる方は**部屋の東側に龍の置物を置いてあげる**のもいいでしょう。

このとき、**龍の頭は部屋の内側に向けてあげてください。**龍は流れの神様なので、いい気を外側から内側に取り込んでくれる力があります。ですから、部屋の中にいい気が流れてくるように、顔は内側に向けるのがベストです。

できれば、**人間の頭よりも上に置いてください。**龍は空を飛ぶ神様ですので、高いところが好きなのです。専用の神棚を作っておいてあげると、龍はさらによろこぶでしょう。

龍は「かまってくれる人」が大好き！

以上が基本的なルールです。

そして、**毎日お水をあげてください。**龍は水の神様ですので、お水をあげるとよろこびます。ご自宅にあるコップでもいいですし、お水をあげる専用の銅杯も市販されていますので、それを使うのもいいですね。

水の代わりに**お酒**をあげるのもいいでしょう。じつは、龍はお酒が大好きです。お酒だと、水よりも減りがはやくなるといわれています。きっとお酒を飲むスピードがはやいからなんでしょうね。

いそがしくてなかなかお水やお酒を替えてあげられない、もしくは出張などで家を数日空けるという方は、大きめのコップにたくさん入れておいてください。

また、**龍の置物は9つ集めると良い**とされています。龍は仲間が好きなので、たくさんの龍が集まっているほうが、ワイワイできて楽しいようです。私の自宅には9つ以上の龍の置物があり、かつ人が集まるリビングでみんなに注目されながら暮らしているので、とても賑やかです。

そして**一番大切なことは、龍の置物に意識を向けてあげること**。龍はあなたにかまってもらうと、あなたの人生を大きく変えるためにたくさんのことをしてくれます。ですから、あなたはできる限り、龍の置物に意識を向けてあげてください。ある方は、龍と仲良くなるために龍の置物を抱いて寝ているそうです。そういう方には間違いなく、龍の手厚いご加護があることでしょう。

さて、置物について少しだけ注意点があります。**龍はたまに、自分の存在をアピールするために電子機器を使ってイタズラしてくることがあります。**

例えば、音楽が急に止まったり、突然ＡＩアシスタント（Siri や Google アシスタント）が反応したり、テレビのリモコンが使えなくなったりすることがあるかもしれません。

実際に、私が運営している YouTube チャンネル用の動画の撮影中に、動画撮影班のスマートフォンからいきなりアラームが鳴り始めたことがありました。アラームの設定など一切していないのにもかかわらず、突然アラーム音が鳴り響いたのです。**これが、龍からのアピール！「ここにいるよ」とアピールしているのです。**

ですから、家に龍の置物を招き入れたら、龍は電子機器を使ってあなたにアピールしてくるかもしれません。決して怖いことではないので、安心してください。むしろ龍が「ここにいるよ」と伝えているありがたい証拠です。

また、「置物を置くなんてハードルが高い！」という方は、最初は**「龍が描かれた絵」**でもかまいません。絵をご自宅に飾ってください。これならば、あまり難易度は高くないでしょう。お気に入りの絵をご自宅の自分の目につきやすい場所に飾ってください。

本書には**「最強浄化パワー　龍のお守りカード」**が付録としてついています。このお守りカードには、読者のみなさんが幸せになるように、龍のエネルギーと祈りを込めました。こちらのカードを額縁に入れて飾っていただいても、相当の効果があります。

置物や絵に手を合わせて**「いつもありがとうございます。今日も一日、よろしくお願いします」**と感謝を伝えましょう。**龍は人間の感謝が大好きです。**感謝を伝えれば伝えるほど、よろこんで力を貸してくれます。邪気払いも同じで、龍に感謝を伝えるほど、邪気や不測の事態からあなたを守ってくれます。

朝の習慣③
龍神の祝詞や真言を唱える

古来、難を逃れるためには**「呪文を唱えるといい」**といわれてきました。

雷が鳴り始めたり、なんだか薄気味悪い場所に行ってしまったりしたときに、「くわばらくわばら」と唱えることがありますね。この「くわばらくわばら」というのも、じつは災難から身を守るための呪文なのです。

昔から言葉には魂が宿ると言い伝えられ、それを「言霊《ことだま》」といいました。「言霊」のなかでも、とりわけ霊的なエネルギーを持つ呪文を「**真言**《しんごん》」といいます。

真言には唱えるだけで、**現実を変える強いパワー**があります。浄化の真言で有名なのは、プロローグでお伝えした「祓詞《はらえことば》」です。また、神社を参拝する前には「はらえたまい　きよめたまえ　かむながらまもりたまい　さきわえたまえ」と唱えると良いとされています。

仏教の最も有名なお経のひとつ、般若心経に出てくる「ぎゃーてーぎゃーてー　はらぎゃーてー　はらそーぎゃーてー　ぼーじーそわか」という真言も浄化の力が強いといわれています。不動明王の真言「のうまくさんまんだ　ばーざらだん　せんだんまーかろしゃーた　そやたやうんたらたかんまん」も強力です。

このように、古くから日本人は真言を使って邪気を払っていたのです。

龍の真言として、最もパワフルでエネルギーが高い真言は**「龍神祝詞」**という祝詞です。

龍神祝詞

高天原《たかまがはら》に坐《ま》し坐《ま》して
天《てん》と地《ち》に御《み》働《はたら》きを現《あらわ》し給《たも》う龍王《りゅうおう》は
大宇宙根元《だいうちゅうこんげん》の御《み》祖《おや》の御《み》使《つか》いにして
一切《いっさい》を産《う》み一切《いっさい》を育《そだ》て
萬物《よろずのもの》を御支配《ごしはい》あらせ給《たも》う王神《おうじん》なれば
一二三四五六七八九十《ひふみよいむなやこと》の十種《とくさ》の
御寶《みたから》を己《おの》がすがたと變《へん》じ給《たま》いて
自在自由《じざいじゆう》に天界地界人界《てんかいちかいじんかい》を治《おさ》め給《たも》う

龍王神《りゅうおうじん》なるを尊《とうと》み敬《うやま》いて

眞《まこと》の六根《むね》一筋《ひとすじ》に御仕《みつか》え申《もう》すことの由《よし》を受引《うけひ》き給《たま》いて

愚《おろか》なる心《こころ》の數々《かずかず》を戒《いまし》め給《たま》いて

一切衆生《いっさいしゅじょう》の罪穢《つみけがれ》の衣《ころも》を脱《ぬ》ぎ去《さ》らしめ給《たま》いて

萬物《よろずのもの》の病災《やまい》をも立所《たちどころ》に祓《はら》い清《きよ》め給《たま》い

萬世界《よろずせかい》も御祖《みおや》のもとに治《おさ》めせしめ給《たま》えと

祈願奉《こいねがいたてまつ》ることの由《よし》をきこしめして

六根《むね》の内《うち》に念《ねん》じ申《もう》す大願《たいがん》を成就《じょうじゅ》なさしめ給《たま》えと

恐《かしこ》み恐《かしこ》み白《もう》す

とても難しい日本語なので、ただ読むだけでは、この真言が何を意味するかはよくわからないと思います。私なりにダイジェストして現代語訳をすれば、

「龍神様はすべてのものを支配する王様のような神様です。愚かな心や、罪や汚れ、病気や災いなどを払って清めてもらえるよう、そして、私の心の中にあるお願いごとを聞いてくださいと恐れ多くもお願い申し上げます」

といったところでしょう。

この祝詞では、プロローグで書きました**「龍の五大得意技　5つのジョー」**のうち③**成就**と⑤**浄化**が含まれています。「5つのジョー」は、格式高い龍神祝詞にもきちんと書かれているのですね。

「祝詞を唱えてください」というと、「丸暗記して、何も見ずにそらで唱えなくてはいけないのですか？」と困った顔をされる方が多いのですが、暗記する必要はまったくないのでご安心ください！

本書を手に、上記の祝詞の箇所を音読していただければ、それだけで高い効果があります。龍の置物や絵にお水を捧げて、二拝二拍手一拝ののち、この龍神祝詞を唱えると、さらなる龍からの浄化のパワーを恵んでいただけるでしょう。

時間がない人はこの真言でOK！

ただし、毎朝の習慣として考えたときに、龍神祝詞にはひとつだけ問題があります。それは、「時間がかかる」ということです。朝の時間に余裕がある方はぜひ、龍神祝詞を唱えていただきたいのですが、「時間がない」という方にはもうひとつの龍神真言をお伝えします。それは、

「金運龍如爆上《きんうんりゅうじょばくじょう》」

という真言です。

この真言は私が守護龍から授けられた真言です。

意味としては「龍の如く金運が爆上がりする」という意味です。もともとは、**「龍の五大得意技　5つのジョー」**のひとつの②**「上昇」**のエネルギーを発揮させ、金運を上昇させるために龍から伝えられた真言でした。ですが、最近では**浄化にも効果がある**ことが判明しました。「金運龍如爆上」と唱えると、心と体がすっきりして邪気が払われた！　という方がいらっしゃいます。

時間がない人は、龍の置物や絵を目の前にして、手を合わせ、**「金運龍《きんうんりゅう》　如爆《じょばく》上《じょう》！」と3回唱えてください。**

龍神祝詞よりも短い真言ですから、時間にして10秒もかかりません。唱えてみるとわかりますが、心と体が元気になります。体の中を龍が駆け巡る感覚があるかもしれません。「金運龍如爆上」は、「龍の五大得意技　5つのジョー」をすべて一気に発揮してもらう最強の真言です。

また、余談になりますが、神社に参拝したときに、絵馬に「金運龍如爆上」と書かれる方が増加しています。私も神社参拝をしたときは、必ず書くようにしています。ひょっとしたら、あなたが参拝した神社に私が書いた絵馬があるかもしれませんね。

ぜひ、「金運龍如爆上」と唱えてくださいね！

昼の習慣①

嫌なことが起きたら「龍さん、ありがとう！」

続いて、お昼の時間帯にできる邪気払いの方法をお伝えしますね。お昼ですから、レストランやカフェなどにランチに行くこともあるでしょう。

ご機嫌でランチを食べていたら、スタッフの方がついうっかり、コーヒーをこぼしてしまった！　そして、そのコーヒーが私の洋服に!!　そんなアクシデントがあると、気分も落ち込んでしまいますね。でも、**じつはこれも「邪気払い」**なのです。

「コーヒーが洋服にかかるのが邪気払い？」と不思議に思われるかもしれません。

そこで、私の龍神エピソードをひとつ聞いてください。

3年ほど前、私は龍神様がおまつりされている神社に行きました。その神社とは、東京の檜原村《ひのはらむら》（西多摩郡）にある**九頭龍神社**《くずりゅうじんじゃ》という神社です。その日、私は新しく買い換えた新車に乗ってワクワクしながら九頭龍神社に向かいました。

しかし、私は道に迷ってしまったのです。「九頭龍神社はどこだ……」とキョロキョロと道を探しながら運転していました。安全運転をしていたつもりでしたが、突然、「ガガガガッ！」とものすごい音とともに車に強い衝撃が走ったのです！　なんと、九頭龍神社を探すことに夢中になりすぎて、新車の左前のバンパーを道路の縁石にぶつけてしまったのでした。慌てて車を止めて確認すると、新車は無残にも傷だらけ……。

「うわー！　最悪だ!!」

そう思っても無理はありません。買って2週間しか経っていない新車ですから。

ですが、この後、すぐにこのように思いました。

「これは九頭龍神社の九頭龍様のはからいだ。九頭龍様が浄化をしてくださった

んだ」

〝思った〟と書きましたが、実際は頭の中に自然と言葉がわき起こりました。九頭龍様が私の頭に直接、メッセージを伝えてくれたのだと感じました。

九頭龍神社を探していたら、道に迷って新車を傷つけてしまった。これは一見、ネガティブな出来事のように思います。

しかし**小さなネガティブなことを起こして、その後にもっと大きなネガティブなことが起こらないようにする九頭龍様からの愛のはからい**だと感じたのです。

ネガティブは「次の良いこと」のサイン！

このように、**一見ネガティブなことが、じつは良いことが起こるための「邪気払い」であるというケースは非常に多くあります。**

例えば、お気に入りのパワーストーンで作られたブレスレットが、突然切れてしまった。この現象は、大きなネガティブなことが起こらないように、未然に小さなネガティブなことが起きる、という意味があるのです。

また、何かをなくしたり、壊れたり、ある人との関係が予想外に切れたりすることは、新しいものや新しい人との出会いに必要な出来事であったりします。

こうした現象は、**一種の「毒出し」**のようなものです。

例えば、風邪をひいたら発熱しますね。体もだるいし、のどの痛みなどつらい症状も起きます。しかし熱が下がって風邪が治った後は、風邪をひく前よりもスッキリした感覚を味わった経験がないでしょうか？　これは風邪によって、体の中に溜め込まれていた毒素が外に吐き出されたのですね。

自然現象に例えると、台風は雨風がひどくて、まさに空が暴れているような印象を受けます。しかし台風一過の青空は、非常に澄んだ空気で満たされていて気持ちがいいですね。このように一見ネガティブなことが、その次に起こる良いことの兆しや前触れというのは、現実的に私たちは頻繁に体験しているのです。

ですので、**個人的に降りかかった小さな嫌なことは、大きな災いを避け、より良い現実が起こるための龍神様からのはからいだと私は捉えています。**とりわけ、

「九頭龍神社・新車傷つけ事件」からは、**一瞬ネガティブだと思うことが起こったら、「これは浄化だ」と思うようにしています。**

以前、とある飲食店でランチをしていたとき、店員さんが私の飲んでいたコーヒーに腕を引っ掛けてこぼしてしまうことがありました。私の洋服は濡れましたが、運良くコーヒーはさほど熱くなく火傷には至りませんでした。

店員さんは、

「たいへん申し訳ありません！」

と、いまにも泣きそうな顔で、必死に私の洋服を拭いてくれました。しかし、私は九頭龍神社の一件がありましたので、

「私の邪気を払ってくれたんですよ、ありがとう！」

とお伝えしました。

すると、いまにも泣き出しそうだった店員さんの顔が、ホッとしてにっこりと笑顔になったのです。

コーヒーをかけられたことが邪気払いになっていたかどうか、本当のところはわかりません。ですが、コーヒーをかけられてむっとしたり、怒鳴り散らしたり、嫌な気分でいるよりも、

「一見嫌なことは、もっと嫌なことが起こらないための良い前兆。龍が邪気を払ってくれたんだ、龍さんありがとう」

と考えるほうが気持ちがいいですし、誤ってコーヒーをかけた店員さんも、罪悪感に苦しむ必要がありません。悪意があってコーヒーをかける人はいないわけですから。

「気持ちがいい」とは「気がいい」ということ。このような考え方をしていれば、邪気はどこかに吹き飛んでしまいます。

昼間の時間帯は人が活動する時間帯。どうしてもネガティブなことが起こりがちです。急に雨が降ってきたり、コピー機で紙詰まりが起きたり、パソコンが突然、動かなくなってしまったり……。そんな一見ネガティブなことが起こっても、**「これはきっと龍が邪気を払ってくれたんだ。龍さん、ありがとう！」**と思えれば、嫌なことがあった後も楽しく幸せに笑顔で過ごせます。

ぜひ、あなたの日常に取り入れてみてください。

昼の習慣②

失敗したら「この経験、おいしい！」

先ほど、人が活動する昼間はどうしてもネガティブなことが起こりがち、とお伝えしました。やはり、何事においてもうまくいくことだけではなく、うまくいかないこともありますよね。

「うまくいかないのは当たり前」。そんなふうに頭ではわかっているつもりでも、失敗するとどうしても嫌な気分になります。自分を責めて落ち込む、つい人に八つ当たりをしてしまう。そして、八つ当たりをした自分をまた責める……失敗は正直なところ、あんまり気持ちのいいものではありませんね。

失敗してネガティブな気持ちになること自体は悪いことではありません。人間としてとても自然なことです。

ただ、何かと慌ただしい昼間は、失敗した後でもまた次の活動が待っています。例えば、すぐに別の取引先に顔を出す、子どものお迎え、夕食の買い物に行く……落ち込んでいる暇すらない時間帯です。

また、ネガティブな気持ちをズルズルと引きずってしまうと、ネガティブがネガティブを呼んでしまい、どんどん悪いほうに傾きがちです。失敗が連鎖してしまうんですよね。これはいわゆる**「引き寄せの法則」**と呼ばれるもので、自分の状態がネガティブだと、ネガティブなことを引き寄せてしまうのです。

ですから、**何か失敗したときに、すぐに自分がポジティブな気持ちに切り替えられるといい**のです。

そこでおすすめなのが、**失敗したときには「この経験、おいしい!」**と思うことです。例えば、過去の大失敗が、いまにつながっていることはありませんか?

「いま振り返ってみると、あのころの失敗はすべて学びの過程だったな」「あの失敗があったから、いまの自分がある」……あなたにもこんな経験があることでしょう。

もし、失敗して心が苦しいと思うときは、**視点を少し未来に向けていきましょう**。「5年後の自分は、この失敗を覚えているだろうか？」。このように考えるのです。

おそらく、誰も5年前の失敗を覚えていません。5年前の今日、何を食べたか、何をしたか、そしてどんな失敗をしたかを、手帳やカレンダーを見ずに、すらすら正確に思い出せる人はなかなかいないでしょう。**人は忘れることに関しては天才的です**。ですから、いますぐに、目の前の失敗に悔やむことをやめて、水に流してしまいましょう。どうせ5年後には忘れていますから。

また、失敗は人と人とのつながりを作る良い橋渡し役にもなります。例えば、初対面の人に自分の失敗談を話すと、相手がすぐに心を開いてくれた、という経験はないでしょうか？　自分の失敗談を話してくれると、相手は「この人は自分のことをさらけ出せるオープンな人なんだな」と思って心を開き、すぐに打ち解けるものです。失敗は誰でもしているもの、その失敗談を自分から話すことによって、相手とすぐつながることができるのです。**他者と信頼関係を結ぶという、失敗のポジティブな面**に目を向けるようにしましょう。

また、今日の失敗は未来の「笑い話」「話のネタ」になります。先ほどの九頭龍神社の一件は私の失敗談です。その失敗談をもとにして、こうやって本にも書けているわけですから、あの日の失敗には感謝しなくてはなりません。

まとめてみましょう。失敗して落ち込んだら、

①　この失敗は成長の糧《かて》になる！

②　この失敗は5年後には忘れている！

③ この失敗は後で笑い話やネタになる！

と思ってください。この中でどれかひとつでも、あなたの心がホッとするものがあったら、その考え方を採用するようにしてください。

これは「無理やりポジティブになりましょう」ということではありません。昼間のいそがしい時間帯に、あなたができるだけ、ネガティブな気持ちからポジティブな気持ちにスムーズに切り替えるための方法です。

これら3つのやり方をひと言でまとめるなら、**「失敗は『おいしい』と思おう」**ということです。「おいしい」をもう少し簡単な言葉で表すと、**「一見ネガティブに見えるけれど、じつはたくさんのメリットがある」**ということです。

テレビのバラエティ番組でお笑い芸人さんが先輩芸人にいじられたり、失敗させられたりして、その結果、大爆笑を生むことがあります。そして、いじった先輩芸人に「いまのおいしいなー」なんて、うらやましがられたりすることがあります。いじられたり、失敗させられたりするのは、一見ネガティブなことに見えますね。ですが、そのことによってお笑い芸人さんはお客さんの大爆笑を誘いました。この「一見ネガティブだけど、じつはたくさんのメリットがある」という状態が「おいしい」という状態です。

失敗には「一見ネガティブだけど、じつはたくさんのメリットがある」のですから、落ち込んだときは「おいしい！」って思ってください。そして「失敗がおいしい」と思えるようになると、失敗することが怖くなくなります。

「失敗はおいしい」

この言葉をあなたの「心のお守り」にしてください！

夜の習慣①
塩風呂で心身を浄化

さあ、最後に夜の邪気払いを紹介しましょう。

夜の邪気払いとして欠かせないのは、**お風呂に塩を入れて入る「塩風呂」**です。

日中、たくさんの人と関わったり、ストレスを受けたりしたあなたには、体と心に邪気がついてしまっています。そんな状態で、ご自宅に帰ってきたあなたが何もしなければ、翌日、気持ちが落ち込んでしまうのは仕方ありません。邪気メンテナンスはお肌のお手入れと一緒で、毎日行ったほうがいいのです。

日々の邪気メンテナンスとして、とても簡単にできるのが塩風呂です。龍は水の神様です。お風呂にも龍が宿りますので、日々お風呂に入る習慣があると龍のご利益を受けやすくなります。また、**塩には古来、浄化の作用があるといわれて**おり、ご神事にも使われてきました。神社で正式な参拝をした後、授与品として塩をいただくことがあります。塩にはお清め作用があることの証拠です。

最近では入浴剤のようなお風呂用の塩（バスソルト）がドラッグストアにたくさん並んでいますね。色も複数あってカラフルですし、香りも一日の疲れを癒すのに最適です。それらのバスソルトを使うのもいいでしょう。

塩をスプーン（大さじ）1杯入れてから、お風呂に入ります。そうすると体や心についた邪気が取り払われて、あなたのエネルギーはリセットされることでしょう。

毎日の塩風呂はスプーン1杯の塩でいいのですが、**週末やお休みの日は、たくさんの塩を入れた塩風呂に入る**ことをおすすめしています。

大さじ2杯くらいの塩をお風呂に入れて、30分以上、汗がたくさん出るまでつかりましょう。汗を出すのも、体の邪気を払う浄化の方法として非常に効果が高いのです。

近ごろサウナが大流行していますね。サウナに入って汗をかき、水風呂や外に出て体を冷ますのを繰り返すことで体調を良くすることを「整う」といいます。**「整う」のも邪気払いの一種ですね。**ただ、サウナに通うのはちょっとたいへんだという方は、ご自宅でぜひ塩風呂に入ってください。


週末の塩風呂で気をつけていただきたいことがあります。

塩風呂に長時間入っていると、大量の邪気がお風呂のお湯に出てしまいます。それ自体は邪気払いとしてとても良いことなのですが、その湯船に後から別の人が入ってしまうと、その人に邪気が移ってしまう可能性があるのです。

長時間入った後は、お風呂のお湯を必ずすべて流して、次の人が入らないようにしてくださいね。毎日の少量の塩を入れた塩風呂はこの限りではなく、後から別の人が入っても大丈夫です。

なかには「お風呂のお湯を全部流すと、水道代がもったいないのでできません」とおっしゃる方がいるかもしれません。ただ、お風呂のお湯に使われる水道料金をご存じでしょうか？　1回につき、湯船を満タンにする水道料金は約35円です。そのお湯を入浴に適した温度まで上げるガス代は約70円。1回のお風呂にかかる水道光熱費は合計で約105円です。

105円を「自分への投資」として使ってあげること。これは**自分を大切にする第一歩**です。

自分の幸福に105円を使っていれば、ゆくゆくは必ず105円以上の結果をもたらしてくれます。決して損で終わることはありません。

ぜひ、塩風呂を習慣にしてください！

夜の習慣②
気分が落ち込むSNSは見ない

インターネットの発達により、膨大な情報が誰でも瞬時に手に入るのが当たり前の時代になりました。ひと昔前はわざわざ図書館に出向いて分厚い本を開かないと手に入らなかった情報が、いまではスマホやPCでネット検索すればすんでしまいます。

こうした劇的な変化は人間の生活を豊かに、便利にしてくれます。一方で何事も「過ぎたるは及ばざるがごとし」で、触れられる情報があまりにも多すぎて、私たちの生活にマイナスの影響を与えることもあります。

その代表がＳＮＳです。ＳＮＳは簡単に人と人とをつなぐ一方で、困ったことに**ＳＮＳの情報そのものが邪気になっている**ケースがあるのです。

ＳＮＳでは、楽しかったことやうれしかったことがたくさんアップされています。気持ちが落ち込んでいる人がそんなポジティブな投稿を見たら、さらにネガティブな感情が強くなってしまうのです。

「あの人はあんなにキラキラ輝いているのに、どうして私はダメなのだろう……」「あの人はお金持ちなのに、私といえば毎月の支払いに追われてばかり」「あの人は同期の中でも真っ先に出世して活躍しているのに、私はパッとしないまま……」「あの人は幸せな家庭を築いているのに、私は結婚どころか恋人もいない」などなど、まさに負の連鎖ですね。

ＳＮＳの中のキラキラした人と自分を比較して、自分を責めてしまいがちな人は要注意。ＳＮＳが邪気の原因になっている可能性があるからです。ＳＮＳのやっかいなところは**「中毒性」**があること。自分が落ち込むことがわかっているのにもかかわらず、ついついSNSを見にいってしまいます。

特に危険なのは夜の時間帯です。ベッドに入って寝ころびながら、スマホを片手にネットサーフィン、気づいたら何時間もSNSを見てしまう。しかも、自分を幸せにする記事を読むならまだしも、「○○さんの記事を見たら、私は落ち込む」とわかっているのにもかかわらず、○○さんの記事を読みにいってしまう。そして、「あー、やっぱりどうせ私はダメなんだ……」と落ち込んでしまうのです。


これは邪気をどんどん増やしてしまう行為です。**即刻やめましょう。**

ただ、やめたくてもやめられないのがSNSの中毒性の怖いところ。具体的にどのように行動したらいいのかをお伝えします。

あなたがSNSをスマホで見ていたとします。そして「あ、このSNS記事を見たら、落ち込んでしまう」という予感がしたら、**タップする指をストップ！ スマートフォンを一度目の前のテーブルか、膝の上に置きましょう。**そして、深呼吸を3回します。そして、自分の心に聞いてください。

「このSNS記事を見ると、私はポジティブな気分になるかな？」

自分の心から「NO」の答えが返ってきたら、**記事をタップするのはやめて、別の記事を見にいくか、SNSを見ること自体をやめてしまいましょう。**もちろん、心の声が「YES」だったら見にいってもOKです。

この方法はSNSに限らず、他のインターネットの情報、またはテレビのニュース番組などにも当てはまります。自分の気分が下がる情報は、少し深呼吸して、見るか、見ないかを自分の心に聞くようにしましょう。最初は難しいかもしれませんが、練習次第で誰でも可能になります。

人間はポジティブな生活を送りたいという気持ちを持っている一方で、あえてネガティブな情報を見にいってしまう習性があるようです。テレビのニュース番組がネガティブなことを放送し続けている理由は、ネガティブなことを放送したほうが番組の視聴率は上がるからです。

もしハッピーに生きたいのであれば、この人間の「習性」に無意識に従ってしまうのではなく、意識的に自分にとって不幸になる情報から自分を遠ざけ、**自分**

をポジティブなほうに導いてあげる行動が必要です。
自分の気持ちが下がる情報に触れそうになったら……

① まずはスマホを置く

② 深呼吸を3回する

これが日常的にできるようになれば、ＳＮＳの邪気を払うことができます。

また、スマホについてとっておきの方法をご紹介しましょう。

それは**「龍をスマホの待ち受け画像にすること」**です。

あなたのスマホの待ち受け画面を龍の絵や置物の画像にするのです。すると、日常的に龍を目にすることになりますので、それだけで龍のパワーで開運します。

また、龍の待ち受け画像のおかげで、ネガティブなＳＮＳ情報の邪気を払ってくれます。自分の意志でネガティブなＳＮＳを見ないようにする、そして同時に待ち受け画像を龍にすることで邪気が払われていきますので、この２つを両方行ってみてください。「龍の待ち受け画像」は、私も実践しています！

読者のみなさま全員に、本書の「あとがき」にあるＱＲコードから「スマホを見るだけで開運！　龍の待ち受け画像」をプレゼントさせていただきます。

くわしくは「あとがき」をお読みください。

夜の習慣③

自分で自分を抱きしめる（ハグ・マイセルフ）

今日、朝から晩まで、あなたは一生懸命がんばりました。

さあ、そろそろ眠る時間です。

明日、また元気で明るくハッピーに生活できるように、一日の最後にぜひ行ってほしいことがあります。

それが**「自分で自分を抱きしめる」**、つまり**「ハグ・マイセルフ」**です。

「ハグ・マイセルフ」とは英語では「Hug Myself」と書きます。

やり方は次のとおりです。

① 自身の右手を左肩に、左手を右肩に添える
② 自分自身を抱きしめる
③ 自分自身に対して「今日も一日お疲れさま。ありがとう。愛してるよ」と伝える

ハグ・マイセルフをすると涙があふれだす人もいますし、体がポカポカしてくるという人もいます。自分への感謝を込めて、毎日必ず行いましょう。

このハグ・マイセルフは、特に自己否定をするクセがある人に、とても効果があるのです。「自分自身を許せない」「どうしても自分を責めてしまう」という人は、昼夜問わずに行ってください。

毎日10回以上、1カ月ほど継続して行えば自己否定のクセはどんどん直っていきます。3カ月も継続できれば、自己否定のクセはほぼ消えていることでしょう。

「日本人は自分に対して『ありがとう』と言えない人が多い」と聞いたことがあ

ります。日本人の国民性の特徴として、他人に対する優しい思いやりや細やかな気遣いをする点があげられます。ですので、自分以外の人には「ありがとう」を伝えている人がたくさんいるのです。しかし、自分に対して「ありがとう」を言う習慣がある人はほとんどいません。

しかし少し考えてみてください。自分の人生で一番近くにいて、ずっとそばにいるのは誰でしょうか？　答えは**「自分」**です。この世界でたったひとりのかけがえのない自分に対して、温かい愛情を注ぐことは、必ずや人生をより豊かに、幸せなものにしてくれることでしょう。

以前、私の守護龍から伝えられたメッセージを紹介します。

「自分を愛するということは、龍と同じことをすること」

龍は人間を無条件に愛しています。

龍は人間をかわいい赤ちゃんを見るように見守っています。人が自分自身を愛すると、その人は龍と同じことをしていることになります。**「龍と同じことをする」ということは「龍と波長が合う」ということです。龍と波長が合えば、龍からのパワーを受けやすくなります。**

つまりハグ・マイセルフは、一日の疲れを癒すと同時に、**龍とつながりやすくなる魔法の方法**なのです。

ハグ・マイセルフをベッドに入る前に必ず行うようにしてください。一日の締めくくりに、自分を思いっきりほめてあげてください。**今日一日がんばった自分をほめてあげること、これこそ最強の邪気払いなのです。**

ハグ・マイセルフの時間は30秒ほどで十分です。「今日はいつもよりちょっとがんばったな」と思うときは1分から5分程度行うといいでしょう。

自分自身をハグしながら、肩を優しくさすったり、頭を「いいこ、いいこ」してなでたり、顔をさわったりしながら、自分の体の各パーツに優しく温かな愛情を注いでください。

いわば自分自身を「宝物」のように扱うのです。

自分自身を宝物のように扱うと、他の人もあなたを宝物のように扱ってくれます。自分を愛すると世界・宇宙があなたを愛してくれます。

そしてもちろん、龍もあなたを愛してくれるのです。

ハグ・マイセルフが終了したら、ベッドに入ります。その中で、

「龍さん、今日も一日ありがとうございました。龍さん、愛してるよ」

と、今日一日見守ってくれた龍に愛と感謝を伝えてから眠るようにしましょう。

龍のパワーがたくさん与えられる、すばらしい明日を迎えられることでしょう。

第2章

龍神は、豊かなお金の流れを生む

【お金の浄化術】

お金には邪気がついている⁉

人のストレスの大半の原因は、ずばり**「お金」**です。

私たちは毎日、程度の差こそあれ何らかのお金に関する活動、つまり経済活動を行っています。お店でお金を支払う、お金を得るために働く。現代の文明社会において、まったくお金に触れないで生活している人はいないのです。

じつはお金は私たちの生活に密接に関係しているがゆえに、邪気を生みやすいのです。この章ではお金の邪気払いについて、詳しくお伝えしていきます。

お金の邪気払いがなぜ必要なのでしょうか？

その答えはシンプルです。**「お金の邪気が払われると、あなたにお金が入ってくるようになるから」**です。

そもそも、「お金の邪気」って何でしょうか？

それは、**お金に対する「間違った思い込み」**を指しています。

意外に思うかもしれませんが、じつはお金自体には邪気はつきません。お金は**中立的で無色透明な単なる道具**であり、お金自体には力はありません。

お金も包丁も、決め手は「使う人の心」しだい

お金によく似た道具として、包丁があります。包丁自体に力はありません。ですが、使う人間によって、その結果が大きく変わってきます。包丁はおいしい料理を作ることもできますし、人を傷つけることもできます。この結果の違いを生み出しているのは、**使う人の心**です。

お金もまったく一緒です。**お金を扱う人の心が幸せであれば、お金は自分や他人、社会を幸せにするものになります。**

具体例をあげてみましょう。私の知り合いで、とても有能な女性がいるのですが、彼女に「なぜお金を稼いでいるの？」と聞くと「**お客さんの笑顔が見たいから**」と答えが返ってきました。こんな気持ちで仕事をしている人の周りには、いつも明るくて幸せそうな人たちが集っています。お客さんもとても満足そうで、当の本人も幸せそうに楽しく仕事をしています。

このように、**お金を良いことに使えば、良い結果をもたらします。**

逆に、お金を使う人の心が冷たく冷酷なものであれば、自分や他人を傷つけるものになります。お金を使って、誰かをいじめたり、他人に復讐しようとしたりする人は、まわりまわって自分を不幸にします。

このように、お金を悪いことに使えば、悪い結果をもたらします。

お金は包丁と同様に、**使う人の心がその結果を左右する**のです。

ですから、**お金の邪気というのは人の心につくものです。**

もしあなたが「お金が欲しい！」と思ったら、まずはあなたの心の中にあるお金の邪気をお掃除する必要があるのです。**お金の邪気が心から一掃されれば、あなたは「お金に縁がある人」になれるのです。**

お金の邪気が心にあることを、自分のせいにして落ち込まないでくださいね。大丈夫です！　お金の邪気は誰でも持っているからです。特に日本人は、お金に対する何らかの邪気を抱えていると私は考えています。なぜなら、お金のことを学校で教えてくれないからです。

大人になったら、お金と必ず直面しなくてはなりません。それほど重要なお金について、小・中・高、そして大学生になるまで、ほとんど学ぶことがありません。大学で経済学や経営学を学んだ、という人もいるかもしれません。しかし社会に出ると、それらの学問はあまり役に立たないことを痛感するでしょう。

実際のところ私たちがお金について学ぶのは、幼少期の両親からです。

両親のお金との関わり方が、そのまま自分のお金の関わり方となります。

ですから、幼いころに「お金は汚いものだから、触ったらすぐに手を洗いなさい」と教えられると、私たちは「お金は汚いものなんだ」とお金に対する誤った考え方を心に植えつけてしまうのです。

また、幼いころに「お金がないと困るから、貯金しなさい！」と言われて育つと、大人になるとお金を使わずに貯め込む人になってしまいます。もちろん貯金は悪いことではありませんが、貯金するだけで投資をしないと、お金は増えることがありません。「貯金しかしない」というのもお金に対する誤った考え方です。

しかし実際、日本人の多くのお金の使い道は「貯金」なのだそうです。

では、このようなお金に対する邪気をどうしたら払えるのでしょうか？

タイムマシーンに乗って幼少期に戻り、お金の学びをやり直したいところですが、そうはいきませんね。

お金に対して自分自身を再教育することが必要です。ただ、それは少し時間がかかることなので、まずは簡単にできることから始めましょう。

お金の通り道は、龍の通り道！

じつは、**龍はお金の邪気を吹き飛ばしてくれる存在**です。

龍は**お金の神様**でもあります。龍がお金の上に座っている置物をご覧になったことがあるでしょう。風水の世界でも、龍はお金を呼び込む存在として崇められています。経済的に成功している人の自宅には、ほとんどと言っていいほど、龍の置物や絵が飾られているものです。パナソニック（旧・松下電器）の創業者である松下幸之助さんは、日本中に龍の神社を造ったといわれています。

私の著作『お金を呼び込む龍』（光文社）でも書きましたが、お金の通り道のことを**「流通」**と言います。この言葉は**「龍通」**とも言い換えられるのです。お金の通り道は、龍の通り道、まさに龍がお金の流れを呼び込んでくれるのです。

ですので、まずは1章でお伝えしたように、**龍にお金の邪気を払ってもらうようにお願いする**ことから始めましょう。

「龍さん、お金の邪気を吹き飛ばしてください」

とお願いすると、龍はお金の邪気を取り払ってくれます。

龍の力をお借りすると、何が起きるのでしょうか？

不思議と臨時収入があったり、仕事でチャンスがめぐってきたり、昇給したりします。

にわかには信じられないかもしれませんが、私にはいつも、臨時収入や昇給のうれしい報告が毎週のようにみなさんから届きます。

お金を支払うときは「ありがとう」

1章でご紹介した、**「龍の五大得意技　5つのジョー」**を思い出してください。龍の得意技のひとつが**「浄化」**でしたね。

龍は私たちの心を浄化して、お金の邪気を取り除いてくれる、とてもありがたい存在です。そして、龍の得意技である**「上昇」**のエネルギーによって、金運もどんどん上昇させてくれます。前章でお伝えした「金運龍如爆上」という真言を唱えるのもおすすめです。

では、ここからはさらに具体的な、お金の邪気払いの方法をお伝えしましょう。

お金は**「使う」**と**「受け取る」**の大きく2つに分類されます。まずはお金を「使う」ときの邪気払いの方法を紹介しましょう。

お金を使うことに対して、ストレスを感じている人は少なくないでしょう。お金を使うと、欲しいものが手に入る一方で、お金自体は減ってしまうからです。ですから、お金を使うたびに「損をしたのではないか?」という気持ちが生まれやすいのです。

じつはこの**「損をしたくない」という気持ちこそが、お金の邪気を生み出す源になっています。**たしかに、お財布からお金は出て行き、物質としてのお金自体は減少しています。ですが、これをもう少し広い視野で捉えてみると、どうなるでしょうか。

例えば、あなたがカフェでコーヒーを頼んだとします。このとき、自分の財布からお金が出て行くので、損をしたと感じるかもしれません。ですが一方で、そのお金はお店の収入になっています。お店の収入が何につながっているかといえば、働く人のお給料などにつながっていきます。つまり、そのお店で働く人の生活に活かされているのです。

小さなお子さんがいる店員さんは、あなたが支払ったコーヒー代がもとになった給料によって、子どもにおもちゃやお菓子を買ってあげることができるのです。同じように、もうすぐ結婚を迎える店員さんは、あなたが払ったコーヒー代の給料によって大切な彼女との結婚式をするかもしれません。アルバイトの学生さんであれば、同じく将来の夢に向けて教材や学習に必要なノートやペンなどを購入しているでしょう。

「龍の視点」では、支払い＝邪気払い！

このように、**お金は常に循環するもの**です。あなたの手元から出て行ったお金は、じつは**回り回って他の誰かを豊かに、幸せにしています**。あなたがお金を使うことで、誰かが幸せに、豊かになるのです。このような広い視点を持つようにしてみてください。私はこれを**「龍の視点」**と呼んでいます。

龍は、いつも空高くから広い視野で私たちのことを見ています。そんな龍の視点のように、私たちも自分自身のことを1段も2段も高いところから見るようにすれば、視野がより広くなり、**「本当のこと」**が見えてきます。

つまり、一見ネガティブに思えるようなお金の損失も、じつは他の人を豊かにしているという事実に気づくことでしょう。この視点を持つと、お金を払うこと自体が楽しくなってきますよ。

また、私は**「(支)払いは(邪気)払い」**だと思っています。**お金を払う行為は、邪気を払うことと同じこと。**

お金を支払うことによって、「損をしたくない」という気持ちを手放すことができます。これは、私だけの考えではありません。

仏教には「喜捨《きしゃ》」という考え方があります。

自らよろこんで手放す、差し出すといった意味です。

駅や公共施設の近くでお坊さんが手に小さな器のようなものを持ち、お経を唱えているのを見たことはありませんか？　あれは「托鉢《たくはつ》」といいます。道ゆく人が器の中にお金を入れるのですが、じつはお坊さんがお金を恵んでもらうためにやっているのではありません。

私たちに**お金を払う機会を与えてくださっている**のです。お金に対する執着をほどき、お金を相手によろこんで差し出す行為、これぞ「喜捨」です。お坊さんは托鉢によって、私たちに喜捨を経験させてくれているのです。

仏教の教えにもあるほど、お金を払うという行為は私たちの精神をより良いものにしてくれます。ですから、お金をいやいや支払うのはやめましょう。

お金を使うことを「私はお金を支払うことで、他の人を幸せにしているんだ」

「お金を手放すことによって、自分の心の中にあるお金の邪気を払っているんだ」と、**ポジティブな気分で捉えてください。**

こうして、**よろこびの気持ちで使ったお金は、めぐりめぐって何倍にもなってあなたのもとへ返ってくる**でしょう。

ですから、お金を支払うときは「ありがとう」と言ってお金を払うようにしてみてください。なぜお金に対する感謝の気持ちが大切なのでしょうか？

じつは、お金も感謝の気持ちと同じく**目に見えないエネルギー**だからです。

いやいや使うと、お金に不機嫌なエネルギーが乗っかってしまって、なかなか自分のところに戻ってきてくれません。

ですが、**あなたが機嫌よくお金を使えば、お金もいい気分になって再び戻ってきてくれる**のです。

さあいまから、お金を支払うときは「ありがとう」と言いながら、感謝のエネルギーを乗せていきましょう！

金運が爆上がりする、財布の活用法

お財布は古来、**金運アップの最重要アイテム**と位置づけられてきました。

昔のお金持ちは、財布にお金のエネルギーが宿ると考えていて、さまざまな財布術を編み出してきたのです。私も、お金の流れを生み出すためには、財布が非常に重要だと考えています。

私は金運が上がる財布を持ち、金運が上がる使い方をしているので、ありがたいことに金運がどんどん上がっていることを日々実感しています。それでは、どんな財布を、どのように使えばいいのか、具体的にお伝えしていきましょう。

その前に「財布」という漢字を改めてよく見てください。

財布の「財」は、「財産」の財ですね。つまり、お金という意味です。財布の「布」という字は、「袋」を指しています。ということは、財布とは「お金を入れる袋」という意味だとわかります。

では次に、「財」という漢字を、偏《へん》と旁《つくり》に分解してみましょう。偏には、「貝」という字が使われています。貝殻は、古代社会ではお金として使われていました。まだ金属の通貨が存在しなかった時代、お金として使われたのは貝殻だったのは有名な話です。そして、右側の旁には、「才能」の才という字があります。この「才」には、川の流れをせき止める木という意味があります。つまり、財布の財という字には、**「お金の流れをせき止めるもの」**という意味が込められています。

お金は流通するもの。つまり**「流れ」**です。

そんな川のように流れるお金をせき止めて、**自分のところにたぐり寄せる柄杓《ひしゃく》**のようなアイテムが財布なのです。要は、財布はお金を引き寄せる**「お金キャッ**

チャー」なのです。

では、お金をキャッチする財布がボロボロだったり、汚かったり、整理整頓されていなかったらどうなるでしょう？　当然、お金キャッチャーとしての機能は下がりますね。お金をたぐり寄せるどころか、どんどん出て行ってしまうことにもなりかねません！

ですから、財布をどう使うかは、お金を自分のもとに引き寄せるためにとても大切なことなのです。

そこで金運が爆上がりする財布の使い方を、**6つのポイント**でお伝えします。

ポイント①　財布の中には、お金以外のものを入れない

これはぜひ守っていただきたい鉄則です。

財布はお金キャッチャー、お金の流れをせき止めるためのものだとお伝えしました。その流れを止める柄杓に、買い物のレシートやゴミが入っていたら……。

せっかくのお金キャッチャーとしての機能は劇的に下がってしまいます。

財布の中にはお金を招きたいのだから、お金以外のものを入れてはいけません。

また、**お札の向きは、同じ向きにそろえましょう。**

お札は、**できれば新札のほうがいい**です。なぜなら、**新札の「新しいエネルギー」が、「新しいお金」を呼んでくる**からです。

ちなみに、お金持ちがよく使う高級レストランやハイブランドショップで支払いをしたときのおつりは、新札を渡されるケースが非常に多いです。新札のお金を呼び込む力を知ってのことだと思われます。

また、お札は「**お札**《ふだ》」とも読めることから、神様と非常に近い存在であるといえます。**お札は神様からのいただきもの**だというぐらい、大切に扱うようにしましょう。財布は神様からのいただきものを保管しておくスペースです。だからこそ、お金以外のレシートやゴミ、ポイントカード、保険証、マイナンバーカードなどは、別にしてください。なお、クレジットカードはお金に付随するものなので、入れておいても大丈夫です。銀行のカードもお金を引き下ろすものなので、入れたままで問題ありません。

小銭はできるだけ、お札を入れる財布とは別の小銭入れにしまうほうがいいでしょう。とはいえ、小銭もお金の一種なので、あまり厳密にする必要はありません。「できれば別にしたほうがいい」という程度です。

ポイント②　財布をケースに入れる

財布はそのままカバンやポケットに入れるのではなく、財布用のケース、もしくは袋のようなものに入れて持ち歩いてください。

財布はお金の流れをキャッチするものですから、きれいに取り扱う必要があります。**きれいに使えば使うほど、お金が財布に流れてきやすくなるのです。**

財布をケースに入れて持ち歩くようになると、ケースがどんどん汚れていくのがわかります。財布を裸の状態でカバンやポケットに入れてしまうと、それだけ傷みやすく汚れやすいということです。

お会計のたびに、いちいちケースから出すのは面倒だという方もいるでしょう。たしかにひと手間増えるので、面倒くさい行為だとは思います。しかし、面倒くさいことをすればするほど、その大切にしている思いが財布に伝わっていきます。ひと手間かけるということは、自分の愛情を相手に伝えるということなのです。

プレゼントをする場合、リボンをかけたりメッセージカードを書いて添えたりすると、ただその品物を相手に贈るよりもより温かい気持ちが伝わって、より深くよろこんでもらえるでしょう。これと同じように、**財布をケースに入れることによって、あなたの愛情が財布に伝わる**のです。その愛情はお金にも伝わり、ひいてはお金を引き寄せることにつながります。

ケースはなにも特別立派なものでなくても大丈夫です。雑貨屋さんや100円ショップで買ったもので問題ありません。自分の財布に合う袋であれば十分です。

ポイント③　財布を初めて使うときは、まず新札の束を入れる

新しい財布をおろす（初めて使う）ときに、その財布にまず教えてあげたいこ

とがあります。それは**「この財布には、どれくらいのお金を入れるか？」**ということです。

おろしたてのときに、300円しか入れなければ、財布は「私は300円を入れておけばいいんだな」と思います。10万円を入れたら、財布は「私は10万円キャッチしたらいいんだな」と思います。100万円を入れたら、その財布は「私は100万円をたぐり寄せたらいいんだな」と思います。

つまり、この時点で**財布の初期設定をいくらにするかが決まる**のです。

私がおすすめしているのは、おろしたてのときに**新札で、できるだけの金額を財布に入れる**ことです。

また、新札を入れることによって、**「きれいなお金」**が入ってきやすくなります。「きれいなお金」とは、誰かを騙したり、傷つけたりして入ってくるお金ではなく、**誰かのよろこび、幸せ、楽しさのエネルギーが乗ったお金**です。

新札の束を入れておく初期設定の期間は、3日ほどがいいでしょう。3日ほど入れたままにしてから、お金を使い始めるようにしてください。

ポイント④　財布を複数持つ

財布を使い続けていると、どうしても財布自身も疲れてきます。お金をキャッチし続けていると、疲労が溜まるからです。

そんなときは、メインの財布の**代わりとなる財布を用意して、ローテーションで使いわけましょう。**Aという財布と、Bという財布をローテーションして、使わない期間はその財布を休ませてあげるのです。そうすれば、お金の流れをキャッチする機能の低下を防げます。

このとき、財布の中身がお金だけなら、入れ替えがとても簡単です。お金だけ入れ替えればいいのですから。レシートやポイントカードなどがぎっしり入っていると、財布の入れ替えはけっこうな手間になります。ですので①で紹介したように、中身を整理することがローテーションするうえでも大切なのです。

財布を休ませるときに、**財布専用の布団やベッド**を使ってもいいでしょう。財布を寝かせる布団がない人は、バッグから出してお気に入りの場所に置いておくのでも大丈夫です。財布を使わない、休ませる時間を作ってあげることです。

ポイント⑤　お金の出入りに感謝する

ここは非常に重要なポイントです。お金は循環しているものであり、お金はエネルギーでもあることをこれまでお伝えしてきました。

つまり、お金を支払うとき、お金が入るときのあなたの気持ちが、お金のめぐりにとても強い影響を及ぼすということです。ですから**お金が入ってきたときも、出て行くときも「お金さん、ありがとう」と、心の中で思う**ようにしてください。

お金が入ってくるときなら、感謝の気持ちはわいてきやすいと思います。ですが、出て行くときに「ありがとう」と思うのは、簡単ではありませんね。しかし先ほどもお伝えしたとおり、より高い「龍の視点」でお金を捉えると、あなたがお金を使うということは、誰かを幸せにすることであり、さらには、お金の邪気を取り除く行為でもあります。

つまり、お金は「払うもの」ではなく、**「払わせていただくもの」**なので、出て行くときも「ありがとう」なのです。そんな感謝の気持ちでお金を使うと、お金は仲間をたくさん引き連れて、あなたのもとに戻ってきます。

私は、「お金は愛だ」と龍神様に教えてもらいました。

誰かの愛が他の人に提供されて、その対価として受け取るものがお金です。幸せなお金持ちを見ると、たくさんの愛を振りまいているのがわかります。そして、その対価として集まってくるお金を、さらにまた人をよろこばせることに使う、というサイクルを回しているのです。お金は、愛の循環を生み出すすばらしいツールなのです。

あなたもお財布を手にしたときに、「お金は愛だ」と思ってお金を使ってください。そうすれば、あなたの財布は愛のお金でパンパンに膨らむことでしょう。

ポイント⑥　金色のお財布を使う

なぜ、金色のお財布がいいのでしょうか？

理由はシンプル、**金はお金の色**だからです。

量子力学の世界では、**同じ波動のものは引き寄せ合う**といわれています。ですから、お金を引き寄せたいときには金色の財布を使うのが最善なのです。

また、金色は**「よろこびの色」**でもあります。

オリンピックでも最上級のメダルが銅でもなく銀でもなく、金メダルであるように、金にはよろこびのエネルギーが満ちています。これと同じように、お金にもよろこびのエネルギーが乗っています。

例えば、結婚式に招待されたら、新郎新婦にご祝儀を払いますね。ご祝儀にはふだんは支払わないくらい、大きい金額を包む人もいるでしょう。お祝いごとには、いつもより高額のお金を使いたくなる人がほとんどです。

また、旅行先で食事をとる際、自宅周辺の飲食店よりもその単価は高いはず。それは、旅行自体がうれしくて楽しいイベントなので、少し多めの金額を払うようになっているからです。つまり、**お金はよろこびがあるところに流れる**ようにできています。**金のおめでたい色が、お金を呼び込んでくれる**というわけです。


最後に、よく「長財布と折りたたみ財布のどちらがいいですか?」という質問を受けますが、できれば長財布のほうがいいでしょう。理由は長財布だとお札を折ることがないので、お札をきれいな状態に保つことができるからです。

ですが、**折りたたみ財布であっても、金色をしていて、お金以外のものが入っていなければ問題ありません。**長財布だとかさばってしまい、バッグに入らない方もいらっしゃるでしょう。ですから、折りたたみ財布でも大丈夫です。

最近では、海外の富豪セレブたちはこぞって小さい財布を使っています。長財布にそこまでこだわる必要はないのです。

「お金を使いすぎた！」ときこそチャンス

先ほどから申し上げているとおり、お金を使うときは、「損をした」ではなく「ありがとう」と思うことがポイントでした。ですが、どうしてもお金を使うことに対して恐怖心を消せない人はいることでしょう。そして、その恐怖心がガラッと反転し、気分が高揚したときに、「つい、お金を使いすぎてしまった！」という苦い経験をしているかもしれません。

そんなときは、「あぁ、使いすぎてしまった……」と、自分を責めていないないでしょうか。**どうかご自身を責めないであげてください。大丈夫です！**

じつは自分では「**使いすぎてしまった！**」**と思うくらいのお金を使うことは、自分の器を広げることになる**のです。

ある大物芸能人のエピソードです。その大物芸能人は、売れ出したばかりの若手芸人に「早く家を買ったほうがいい（たくさんお金を使ったほうがいい）」というアドバイスをしていました。そのアドバイスに対して、若手芸人は「いやいや、自分たちには無理ですよ」と返していました。ですがその大物芸能人は、**「大きな家を買うことで、器が広がるんだよ」**と諭していたのです。

お金は、その人の器以上には入ってきません。本人が「自分はこれぐらいの金額しか使えない」と思っていると、それぐらいの金額しか使えない自分で居続けることになります。

ですから、ときどき使いすぎる行為は、むしろあなたの器を広げるきっかけになるのです。ひょっとすると、**お金を使いすぎてしまったのは、神様からのギフ**

トなのかもしれません。神様があなたに「もっと器を広げなさいね」と言って、あなたの気持ちに働きかけて、お金を使わせたのかもしれないのです。

お金の経験値を上げていこう!

かくいう私もお金を使いすぎて、無一文になってしまった経験があります。ですが無一文になったことで、お金に対する意識がガラリと変わりました。あれは龍が、私を「次のステージ」に進ませるためにしてくれたものだと感じています。お金を使いすぎることは、決して悪いことではないのです。

お金についての学びは、頭で考えたり本を読んだりするだけでは、なかなか身につきません。**私はお金の学びは国語や算数などの学科というより、体育に近いものだと考えています。**実際に自分でお金を使って、**ときに痛い目にあいながら体で覚えていくもの**といえるでしょう。

ときにお金を使いすぎることは、あなたの中の**お金の経験値を上げる**ことにつながります。日本人はお金を貯めることを美徳として、お金を使うことをあまり良しとしません。ですが、**お金は身銭を切って使わないかぎり、学べない分野なのです。**貯めているだけでは、お金の器も広がらないし、お金が入ってくることもありません。ですから「使いすぎてしまった……」という罪悪感を抱く必要はないのです！

「お金に対する、いい経験をした！」
「お金の学びが進んだ！」

と、プラスの方向に考えるほうがいいでしょう。
そのほうが、断然ご機嫌で、気分良くいられると思いませんか？

お金の正体とは、じつは「〇〇」だった⁉

お金に対する邪気の中で一番手強いのは**お金に対するマイナスのイメージ**です。「お金は汚いものだ」「お金はずるいものだ」「お金は人を傷つけるものだ」「お金は他人様に迷惑をかけるものだ」……。このようなイメージを持っていると、お金はなかなか入ってきません。

ですが残念なことに、多くの人が自分では気がつかない潜在意識でこうしたマイナスの感情を持っています。表面的には「お金が欲しい」と言っていても、深層の潜在意識ではお金は汚いものだと思っている。

お金に人間と同じような気持ちがもしあったら、お金は、

「私のこと欲しいの？　欲しくないの？　どっちなの⁇」

と困惑しています。これでは、お金がなかなかあなたのもとへ流れていかないのも無理はありません。


さて、あなたはお金に対してどんなイメージを持っていますか？

あなたがお金に対してネガティブな思い込みがあるかどうかが簡単にチェックできるテストがあります。

それは、**あなたの大切な人に「お金をください」と言えるかどうか**、というものです。さあ、想像してみてください。

お金に対して何らかのネガティブな気持ちを持っている人は、「お金をくださ い」という言葉に強い抵抗を感じるのです。ご両親、旦那さん（奥さん）、友人に向かって「お金をください」と言えますか？　実際に言う必要はありません。イメージできるかどうかがポイントです。

このとき「○○するからお金をください」というのは、「なし」でお願いします。「掃除をするからお金をください」「ご飯を作るからお金をください」はなしです。条件をつけると、お金に対する思い込みを正しく判断できません。

無条件でお金をくださいと言えるかどうかを、想像してほしいのです。

もし**「抵抗なく簡単に言えるな」と思ったら、あなたにはお金の邪気があまりついていません。**しかし、もし心の中がザワザワしたり、イライラしたりするようでしたら、あなたはお金に対するネガティブなイメージ、つまり邪気を抱えているといえるでしょう。

「『お金をください』なんて、そんなこと言える人いるの!?」と疑問に感じる人もいるでしょう。ですが、邪気の少ない子どもは簡単に「お金ちょうだい」「お小遣いちょうだい」って言いますよね。あれがまさに邪気のない状態です。大人になるに従い、私たちはお金に対する誤った観念を植えつけられるのです。

お金を受け取る練習

それでは、この邪気を払うにはどうしたらいいでしょうか？

それは**実際に「お金をください」と口に出して言ってみる**ことです。**誰にも聞かれる心配のない部屋の中で、「お金をください」と独り言を言ってみてください。**

最初は、気持ちがザワザワして落ち着かず、気持ち悪く感じてしまうと思います。ですが、繰り返し言っていくうちに、少しずつザワザワやモヤモヤが消えていきます。いつしか「お金をください」と抵抗感なく言えるようになるでしょう。こうなったら、あなたのお金に対する邪気はある程度払われたということです。

心理学の世界では、**言葉にして口にすると心が癒される**という研究があるそうです。心に抵抗があることを実際に口に出して**「言える」**と、心のモヤモヤが

「癒える」のだそうです。つまり「お金をください」と「言える」ことは、心の中のお金の邪気が「癒える」ことにつながるわけです。

そもそもなぜ、「お金をください」と言うことが効果的なのでしょうか?

その理由は、お金に関する邪気を持っている人は、**他人から何かを「もらう」ことに対して、強い罪悪感を持つ**傾向にあるからです。言い換えるなら「受け取り下手」というわけです。**受け取ることが下手な人は、当然お金も受け取れません。残念ながら夢も叶えづらいのです。**だからこそ、まずは「お金をください」と口に出して「受け取る練習」を始めてほしいのです。

そして次のステップとして、もし可能であれば実際にあなたの周りの人に「お金をください」と言ってみましょう!

たいへんな勇気が必要だと感じる人は、それだけお金に対する邪気が溜まっている証拠でもあります。

私が知っているある人は、自分のお金の邪気を払うために、一日1回、誰かに「お金をください」と言う練習をしていました。その人はなんと、いまや億万長者です。

お金は愛です。

それなのに「お金をください」と言うと、何かがめつさや汚さ、恥ずかしさを感じるということは、その人は「お金は愛だ」と心から信じていない証拠なのです。

先ほどからお伝えしているとおり、**お金は愛情の対価としていただくもの**ですから、つまり**お金自体も愛**だということです。

世界中のあまたの企業が、血のにじむような努力を重ねていい製品を作り、サービスを磨き上げて市場に投下し、消費者により良い生活を送ってもらおうと日々最善を尽くしています。

これを「愛」と言わずして、何と言うのでしょうか?

それにもかかわらず、お金に対するネガティブなニュースやドラマ、もしくは幼少期の両親のネガティブなお金の扱い方が、あなたの頭の中に入り込んでしまって、「お金は愛だ」という大切な真実から目をそらされているのです。

お金が愛だとするならば、「お金をください」と言うことはそれほどがめついことでしょうか？　「お金＝愛」ということが腑に落ちたなら、「お金をください」という言葉は、むしろ**軽やかで楽しいエネルギーの言葉**になるはずです。

「お金をください」という言葉が、まだまだ重たいと感じる人は、その邪気を抜いて軽い言葉にしてあげてください。

「お金をください」という言葉にくっついているエネルギーが、重いか軽いか。
これが、あなたに入ってくるお金の量を決めるのです。

「ここ一番」では、神社のお賽銭《さいせん》に1万円を入れる

あなたは神社に行くことがあるでしょうか？　そのとき、お賽銭はいくらくらい入れていますか？　私は、**神社にはなるべく多くのお賽銭を入れたほうがいい**と考えています。その理由は2つあります。

ひとつ目の理由は、**お賽銭を多めに入れることで、自分のお金の邪気を払うことができるから**です。先ほど申し上げたように、お金を出すことに抵抗感がある人は、お金に対して重いエネルギーを乗せている人です。

実際にやってみるとわかりますが、お賽銭箱に多めのお金を入れると、心が

スッキリするのが体感できます。お賽銭というお金を払うことで、お金に対する邪気が払われたからです。これぞ私が「お金は体育」だと言っている理由ですね。実際に行動してみると、体で理解できるのです。

それでは、実際にお賽銭はいくら入れたらいいのでしょうか?

いつも10円を入れている人は、100円を入れてみてください。100円を入れている人は、1000円を入れてみましょう。**桁をひとつ増やした金額のお賽銭を入れると、お金に対する邪気が払われる**のを体感するはずです。

そして、最も効果的なのは、**お賽銭に1万円を入れる**ことです。

最初は非常に心がざわつくでしょう。「本当にお賽銭に1万円も使っていいの?」「損しているのでは?」「何も起こらなかったらどうしよう?」「今月のスマホ代が支払えるか心配」……と、いろいろな不安が脳裏をよぎることでしょう。

何を隠そう私も初めてお賽銭箱に1万円を入れたときは、手が震えました(笑)。

当時の私にとって1万円は大金でした。でも、**実際に入れてみると、すごく心が**

すっきりして、気持ちがなぜだか穏やかになるのを感じました。邪気が払われた瞬間だったのです。いまでは、神社に行くたびに1万円を入れています。

お金をとおして、神様へ愛が伝わる!

もうひとつの理由は、**お賽銭を多めに入れることで神社が潤う**からです。

神社は木造建てで建物も古いものが多く、いざ修繕するとなると、とても高額の費用がかかります。また、神様へご祈祷をする神職さんや巫女《みこ》さん、社務所でお守りやお札を売っている人たちも、もちろん無報酬でやっているわけではありません。収入を得ることで、ご奉仕をしてくださっているのです。

それにもかかわらず、私たちは神社からとりわけ金銭的な何かを請求されることはありません。参拝して、お賽銭だけを入れて帰ることも多々あるでしょう。あれほど立派で、日本文化の大切なところを守っている施設が、ほぼ無料で使わせていただけるのです。これは奇跡といって良いでしょう。

ですから、**神様に感謝の気持ちを伝える意味でも、少し多めのお賽銭を入れてください。**そして、「いつもありがとうございます」と手を合わせてください。

すると、神様もあなたに力を貸してくださいます。

「お金を多めに入れないと、神様は力を貸してくれないの？」と思われるかもしれません。もちろん、決してそんなことはありませんが、**お金をとおしてあなたの愛を神様に伝える**ことはできるのです。

例えば、お友達の誕生日に１００円ショップのハンカチをプレゼントしてもお友達はあまりよろこばないでしょう。贈り物は金額ではありません。しかし、**その人の気持ちが金額には乗る**のです。

つまり、あなたの神様への感謝の気持ちが、お賽銭の金額に乗るわけです。すると、**その気持ちに応えようと神様たちも動いてくれます。**

いかがでしょうか？

こんなふうに考えて、お賽銭の額を多めにしてみてください。

お金に対するネガティブ情報はシャットアウト！

「お給料が上がらない」「老後のお金が足りない」など、お金についてテレビや雑誌、ネットで接する情報は、一般的にはネガティブなものであふれています。私たちの脳みそは、そんなお金に対するネガティブ情報でいわば洗脳されている状態です。

本来、**お金は愛であり、人を幸せにするすばらしいツールです。**「お金は悪いものだ」というネガティブな情報からは距離を取り、意識して避けましょう！

日本には「清貧《せいひん》」という言葉があります。「貧しいが、心や行いが清らかであること」という意味ですが、日本人はこの「清貧」をすばらしいものだとする傾向があります。もちろん、お金があることだけがすばらしいとは思いません。ですが、「お金がないことがすばらしい」というのは、ちょっと偏った考え方ではないでしょうか。

実際に、事業で成功した資産家の方が貧しい国に学校を建てたり、神社に寄付して再建させたり、親がいない子どもたちを金銭面で支援したりすることがあります。「お金がないことが美しい」のではなくて、**お金があってもなくても、どちらでも美しい**のです。そのうえで、**「お金がある人生か、お金がない人生か」は個人の選択であるべきだ**と考えます。

ところで、なぜ「貧しいほうが美しい」という価値観が生まれたのでしょうか。それは、**権力を持つ人たちにとっては、配下にいるのが、お金を持っていない人が多いほうが扱いやすいからではないか**と考えています。

権力者は、配下にいる人たちの力が小さければ小さいほど、弱ければ弱いほど、

コントロールしやすいわけです。もし配下の人たちがお金をたくさん持ち始めて、力をつける人たちが増えてくると、権力者はその権力の座を脅かされることになりかねません。権力者にとって、配下にいる人たちが非力であるほうが都合がいいのです。

昔の言葉で、気持ちの良くない言葉ですが「百姓は生きぬように、死なぬように」というものがありました。昔の権力者にとって、搾取《さくしゅ》する対象であった農家の人たちは、「活躍させてはいけないが、死なれても困る」という存在でした。だからこそ、その人たちの力を抑え込む必要があったのです。「お金がないことが美しい」という情報は、**搾取するための洗脳の手段**だったといえるでしょう。

メディアの洗脳に気をつけて！

テレビのワイドショーでは、毎日のように、詐欺《さぎ》や強盗といったお金が原因で発生したトラブルが報道されています。私たちは無意識のうちに、「お金には近寄らないほうがいい」「お金は悪いものだ」と信じ込まされているのです。しかし、それは真実のお金の姿ではありません。

私の知り合いの幸せなお金持ちは、ニュースは一切見ないと言っていました。

「テレビを見なければ、お金持ちになる」

とさえ言っていました。それほど、情報の洗脳には気をつけているのです。

もちろん、テレビをはじめとするマスメディアには、学びにつながる情報もたくさんあります。お笑い番組でストレスを発散し、ドラマを見て思わず感動することもあるでしょう。マスメディアを一律に否定するわけではありません。

しかしお金に関するネガティブな情報に関しては、ご自身の責任において、脳内に入れないよう注意してください。

でないと、ますますお金に対する邪気がついてしまいます。

自己投資や経験に、どんどんお金を使おう

お金の使い方は、大きく分けて2つあります。

それは、**「消費」**と**「投資」**です。

消費とはお金を使うことですが、それ自体が将来的に新たなお金を生み出すことはありません。一方の投資は、**そのお金を使うことによって、将来的に新たなお金を生み出すことにつながるもの**です。ここでいう投資とは、なにも株や債券などの金融資産だけを指しているのではありません。

例えば、野菜を買うにしても、安さを重視して栄養価の低い野菜を買うのと、

自分の健康のために少々高くても栄養価の高い野菜を買うのとでは、お金の使い方が違います。前者は消費であり、後者は投資になるのです。体が健康であれば、元気に働いてお金を稼ぐことができますからね。

また、外で会食するのでも、いやいや参加する会社の飲み会は消費ですが、自分のステージを上げてくれるエネルギーの高い人との会食は、立派な投資です。同じお金を使う行為でも、できるだけ投資にお金を使うほうが、お金は増える傾向にあるのです。

中でも、一番リターンが大きい投資が自己投資です。**自己投資とは、自分の学びや経験にお金を使うことです。**

旅行に行く、本を買って読む、講座を受ける……こうした積み重ねで知識や経験を蓄えて、行動し、実践していけば、それを収入に変えていくことができます。

私自身は、**この自己投資こそが一番リターンが大きく、そしてお金を無限に循環させられる方法だと考えています。**例えば私の場合、海外の聖地に行くことが自己投資になっています。アメリカのシャスタやセドナなど、海外のスピリチュアル・スポットに行くためには、100万円単位のお金がかかることも珍しくありません。ですが、その聖地を実際に訪れることで、かつて体験できなかったスピリチュアルとの出会いがあり、**自分の波動や心のエネルギーが変化する**のを実感します。そのおかげで帰国した後には、私のお客さまに新しいスピリチュアル体験を伝えたり、新たに変化した波動を提供したりすることで、お客さまがどんどん幸せになっていくのを実感できます。お客さまを幸せにした結果、**私にも感謝とよろこびのエネルギーであるお金が返ってきます。**

結果として、海外への渡航費の何倍もの金額となって返ってくるのです。

そのお金を使って、今度は別の海外の聖地を訪問するのです。すると、私の波動がさらにパワーアップ！　その波動をお客さまに届けることができました。お客さまを再び幸せにした分、私のところにもっともっとお金が入ってくる……。

このように、**自己投資はお金を何万倍にもする無限循環ツール**なのです。

あなたがこの本を手に取って購入し、読んでくださることはとてもすばらしいことです。なぜなら、**本を購入することは自己投資だからです。**しかも、この本は私が何年もかけて得てきた情報を、1000円に満たない値段で読むことができます。これは私がすごいという話ではなく、**本という媒体がすごい**ということです。そして、私だけではなく多くの作家が、自分の経験や体験、知識を1500円程度の金額で提供しています。**本は、最も支払い金額が少ないにもかかわらず、効果がとても高い、「最強の自己投資」といっても過言ではありません。**

また、自分を豊かにする経験をもたらしてくれる旅行や、自分の意識を高めるための講座、自分のフィールドを広げてくれるような魅力的な人たちとの出会いにお金を使うことも、同じくらいすばらしい自己投資です。

これらは一見、形に残らないので損をしたように感じるかもしれません。ですが、**「目に見えないこと」**が自分の体と心と魂にしっかりと残っていくものです。

ある人は100万円もする高額の講座を受けた1年後、収入がなんと1000万円を突破したと言っていました。このように、自己投資にはお金を増やすとてつもないパワーがあるのです。

私の好きな言葉があります。

「成功者は成功を求めない、成功者は成長を求める」

どんなに「成功しよう！」「お金を引き寄せよう！」と思ってみても、お金は引き寄せられません。ですが、**「お金を引き寄せられる自分に成長しよう！」と自己研鑽に励むと、お金はちゃんとついてきてくれる**のです。

お金はある意味、とても素直です。必要なことを必要なだけ行えば、あなたのもとにきちんと入ってきます。それについても、自己投資をとおして体感してほしいと思います。

「お金は体育！」

忘れないでください。

「お金」よりも「自分の心地よさ」を優先！

ここまでお金の話をしてきました。しかし、お金ばかりを過度に求めてしまうと、人生が狂うこともあるのです。

私の話を聞いてください。

私は、アメリカや北京へ海外進出をし始めたところ、急激に収入が増えました。そこで、いままでがんばってきたご褒美として、1泊100万円のスイートルームに泊まってみることにしました。最初はテンションも上がり、ワクワクしていました。しかし、いざ泊まってみると**「意外とたいしたことないな……」**ということに気がつきました。高級品を買ったり、高額のサービスを受けるとその瞬間はとても刺激的なよろこびで満たされます。しかし、深いよろこび、長く続くよろこびは得られないということがよくわかったのです。

一方で、ほぼ同じころに私の著作『夢をかなえる龍』（光文社）の出版記念講演会が開催されました。参加費は、おひとり3000円。3000円の参加費を支払って来てくださった方々に、2時間の講演をして、サインをしました。

みなさんと語り合う時間は、まさに宝物のようでした。来てくださったみなさんも、そして自分で言うのもなんですが（笑）、私自身も心からのいい笑顔！

この出来事が私のお金に対する感覚を大きく変えました。

ひと晩100万円のスイートルームに宿泊するよりも、3000円の参加費で集まってくれたお客さんと話したほうが、**よっぽど大きなよろこび**があったのです。100万円と3000円。金額には大きな隔たりがありますが、3000円のほうがよっぽどうれしかった。この体験から私は確信しました。

「幸せはお金では買えない」と。

よく耳にしていた言葉ですが、身をもって体験することができたのです。

お金は、自分に自由を与えてくれる便利なツールです。しかし、本当に望んでいるものを与えてくれはしません。**お金で買えないもののほうが、深いよろこびにつながることも往々にしてあるのです。**ですから、お金を追い求めることも大切ですが、**自分が心地よいと思うことを大切にする**ことも、忘れないでください。

それは、友達とおしゃべりすることかもしれないし、観葉植物に水をあげることかもしれないし、好きなゲームを楽しむことかもしれません。

私は幸せなお金持ちにたくさん会っていますが、じつはそんな人たちの私生活はとても質素だったりします。

世界的に有名な投資家であるウォーレン・バフェットをご存じでしょうか。富豪ランキング上位の常連で、「オマハの賢人」と呼ばれています。このオマハとはアメリカの中西部ネブラスカ州にある地方都市です。

投資の世界の成功者というと、ウォール街のあるマンハッタンにでも大豪邸をかまえていそうですが、バフェットはそうではありません。オマハ自体、洗練された都市というよりは、よき「田舎町」のイメージに近いそうです。

静かにひとりでいる時間を大切にする。

そんな自分にとっての心地よさを優先しているからこそ、バフェットは過酷な投資の世界でも成功しているのかもしれません。

お金を稼ぐという経験は、私の人生にとても大きな示唆を与えてくれ、いままでも重要なテーマであることは間違いありません。しかし、お金が私の幸せになるとは思っていません。

むしろ、**他人をよろこばせること、人と人とのつながりを生み出すこと、誰かの才能が活かされる機会を与えることに興味があります。**

そして、そこに心地よさを感じているのです。

「与え好きの人」は、お金が増える⁉

龍から教えてもらった言葉のひとつに、**「他の人を成功させると、自分も成功するんだよ」**というものがあります。つまり、自分ひとりが幸せになるのではなく、他の人の幸せのお役に立つことによって、お金は増えていくという意味です。

ですので、私は自分の知っていることをできるだけブログやYouTubeなどのSNSで発信するようにし、書籍を通じて情報をお伝えするようにしてきました。また、私が運営しているスクールでは、スピリチュアルとお金の関係を初歩から教えています。するとうれしいことに、多くの人たちが幸せに成功しました。

そのことによって、私の収入もぐんぐんと上がったのです。

お金を増やしたいのなら、自分だけが幸せになろうとするのではなく、自分と他の人を幸せにするにはどうしたらいいのかを一生懸命考えることが大切です。

「お金は人のために使うと増える」と言っていたお金持ちの知人もいました。それは、私も実感していることです。

それでは具体的に、どんなことにお金を使ったらいいのでしょうか。

大きなことでなくて大丈夫です。誰でもできる簡単なこととして私が推奨しているのは、**プレゼント**です。**人にプレゼントする機会をたくさん増やしてください**。プレゼントするのが好きな人は、**与え好きの人**です。

与えることが好きな人は、たくさんの人から感謝されます。その感謝を集めれば集めるほど、お金となって返ってくるのです。ですから、私の周囲の幸せなお金持ちたちは、みんな与えるのが大好き！

　私も海外の聖地に行ったら、必ずそこでしか買えないものをたくさん購入して、フォロワーのみなさんや、受講生たちにプレゼントするようにしています。ペンシルベニア大学教授で組織心理学者のアダム・グラントさんは著書『GIVE & TAKE「与える人」こそ成功する時代』（三笠書房）で**「ギバー（与える人）が最も幸せに成功する」**と話しています。

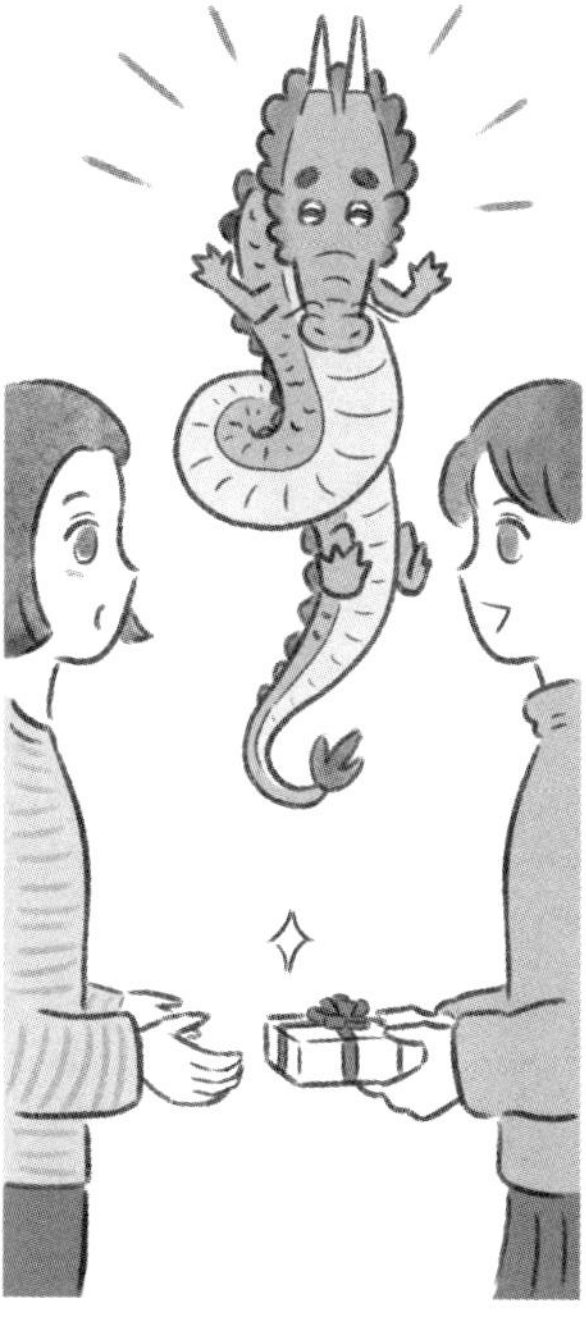

まずは自分を満たしてから！

しかし、ここでひとつ気をつけなくてはいけないのが、人に与えすぎて自分が枯渇《こかつ》してしまってはいけないということです。

与え好きの人の中には、与えることによって自分の存在価値を証明しようとする人がいます。自分を満たす前にいつも他の人に与えてしまうので、これでは疲れてしまいます。傾向として他人に貢献する気持ちが強いナースやヒーラーなどの人に多いのですが、まずは自分を満たすことから始めましょう。

「シャンパンタワーの法則」をご存じでしょうか。

シャンパンタワーとは、シャンパングラスがピラミッド状に積み重なっているものです。一番上のシャンパングラスにシャンパンを注ぐと、下に積み重なったすべてのグラスにもシャンパンが注がれていく仕組みになっています。

人間もシャンパンタワーと同じです。

まずは自分に愛を注ぐと、自動的に周囲にも愛が波及していくのです。自分を満たすということは、周りの人たちの愛情に気づくということです。

周りからの愛情を受け取れば受け取るほど、自分は満たされていきます。「自分はダメだ」「できない」「嫌われている」と思っていると、どんどんエネルギーは下がっていきます。一方で「自分は愛されている」「ギフトをもらっている」「ありがとう」と思っていると、心が満たされてエネルギーも上がっていくのです。

最後に、金運が上がる魔法として、**金運が上がるとっておきの「アプリ」**をご紹介しましょう！　これをインストールするだけで、あなたの金運は瞬く間に爆上がりするでしょう。

次のアプリの頭文字をとった言葉を意識してみてください。

ア…ありがとう。「ありがとう」と言って、他の人からの愛情を存分に受け取ってください。

プ…プレゼント。受け取った愛情を他の人にどんどん渡して、人のためにお金を使ったり、人のためにエネルギーを使ったりしてください。

リ…龍。龍の置物を置いたり、龍のお守りを身につけたり、龍のシールをスマートフォンに貼ったりして、常に龍が目につくようにしましょう。

まとめますと、「ありがとう」と言って受け取り、プレゼントして与えて、そして龍の力を借りて金運を上げていくのが「アプリ」の魔法です。

たった3つのステップで、あなたの金運は爆上がり間違いなし！

龍の金運爆上がりアプリ、日々の暮らしの中で実践してみましょう！

第3章

龍神は、良縁を導いて悪縁を断つ

【人間関係の浄化術】

「邪気」は「弱気《じゃくき》」から生まれる

邪気がつきやすい人の特徴をひと言で表すなら、**「気持ちが優しい人」**です。

そう聞くと、なんだかとても悲しくなりますね……。心が素直で、優しくて、他人のことばかり考えている人に、残念ながら邪気は寄って来てしまうのです。


みなさんが小学生だったころを思い出してください。

クラスの中に、いじめられっ子、もしくはとてもからかわれやすい人はいませんでしたか？　もしかしたら、あなたもそのひとりだったかもしれません。じつは私も、いじめられた経験があります。

それでは、小学生のころにいじめられていた人の特徴を思い出してみてください。心が優しくて素直な人だったり、柔らかく、どこか弱々しい雰囲気の人だったりしませんでしたか？

残念なことに、**邪気は弱い人のところに集中してしまう**傾向があります。クラスの中で発生するイライラやストレスなどを、弱々しい子が一手に引き受けて、つらい思いをしてしまうのです。

「正直者が馬鹿を見る」ということわざがありますね。じつはこれ、正直者は優しすぎるあまり、生命エネルギーが弱い傾向にあって、そんな人に邪気がつきやすいことも意味しています。ですから、真面目にやっているのに成果が出ない、他人から雑な扱いをされる人は、「優しすぎること」が原因かもしれません。

スピリチュアルが好きな人も、心が優しく、素直な人がとても多いです。

そして、それに比例するように生命エネルギーが弱々しい人も多い。したがって幸せになる方法を学んでも、なかなか幸運に恵まれず、ネガティブなことばかりが起きてしまうこともしばしばです。

私は、心が優しくて素直な人がそんなつらい思いをしていると、いたたまれない気持ちになります。優しくて温かい心を持っている人にこそ、自分らしく幸せになってほしいと強く願っています。

優しさはそのままで、強気を放つ人へ変身！

それでは、心の優しい人が自分らしく幸せになるには何が必要でしょうか？

優しい人にあと少しだけ必要なのは、邪気を寄せつけている弱気《じゃくき》をやめることです。弱気《じゃくき》とは、弱気《よわき》を意味します。

「自分に自信がない」「自分のことが嫌い」「自分を責める」「自分をいじめる」……このようなことをすると、生命エネルギーがどんどん小さくなってしまいます。すると、どんどん邪気が寄って来るのです。

自分が「嫌だな」と思うことでも、相手の顔色をうかがってしまうばかりに、要求をのみ込んでしまう人がまさにこのパターン。本当は嫌なのに、断ることができなくてつい引き受けてしまう……。こんな弱気が邪気を呼んでしまうのです。

逆に、**「自分のことが好き」「自分のことをほめる」「自信を持って堂々と胸を張って歩いている」**……こんなふうに生きている人は、弱気《じゃくき》ではなく強気《つよき》を放っています。**強気に対して、邪気は近寄ることができません。**

強気を放っている人は、自分が望まないことを相手から求められても、キッパリと断ることができます。「嫌なものは嫌だ」と、拒絶できるのです。

誤解されがちですが、強気とは「意地悪になること」とはまったく違います。

強気な人のイメージとしては、**優しい心はそのままに、オーラが大きく存在感がある人**です。もしくは、**いつもワクワクしていて、元気な人**です。

このようなエネルギーを放っていれば、邪気は寄って来ません。

ですから、「自分は弱気《じやくき》になりがちだな」と感じる人は嫌なことは丁寧に断り、「やりません！」と言える強気を身につけてください。心が優しくて、素直で温かい人がこの強気を身につけられれば、たちまち幸せと豊かさがやって来ます。

つまり、自分でできる邪気払いとは**強気でいること、元気でいること、そして、嫌なことは断る**ということなのです。

最初はなかなか難しいかもしれませんが、自分がやりたくないことは、少しずつ断ってみてください。

例えば、気乗りはしないものの何となく付き合いのために参加している飲み会やお茶会などは、「今日は予定があるから行けません」とはっきり断ってみるのです。おいしくないと感じたご飯は残す、仕事をせずに休みたいと思ったら有給休暇を申請するのです。

こうして、**自分の気持ちを相手に通すことに慣れていくと、徐々に生命エネル**

ギーが増していきます。

「りゅー！」と叫べばエネルギー充電！

ここで、勇気を出して自分の気持ちを相手に伝えるための、**魔法の言葉**をお伝えします。

1章では言霊《ことだま》（言葉自体に力がある）として優れた**「龍神祝詞」**や**「金運龍如爆上」**を唱えることで、邪気が払われることをお伝えしました。

今回の言葉は、より短くてシンプルです。

それは**「龍」**という言葉です。

「あれっ!?　たったひと言でいいの？」と思われるかもしれません。

じつは**「龍」という言葉自体、とてもとても波動が高い言葉なのです！**

できれば、**大きな声で「りゅ――――！」と叫んでみましょう。**自分の心と体にエネルギーがどんどん充電されるのを感じることでしょう。

私が講演するときに壇上から観客のみなさんに向かって「せーの！」と呼びかけ、みなさんに**「りゅー！」**と叫んでもらうことがあります。観客のみなさんが**「りゅー！」**と叫ぶ前と後では、明らかにエネルギーが上がっているのを壇上から感じます。

弱気になりそうなときは、心の中で**「りゅー！」**と叫んでみてください。

すると、あなたの守護龍が発動して、あなたを優しく守ってくれます。

自分ひとりで勇気を出すのは心細いかもしれません。しかし、守護龍と一緒なら心強いと思いませんか？

「りゅー！」と叫べば、これまで感じたことがないほどの勇気がわいてきます！

「必要以上に優しい人」を、いますぐやめる

私は、優しい人が大好きです。優しい人の存在が日本中、そして世界中に増えていくと世界が平和になるのは間違いないでしょう。

しかし、**「必要以上の優しさ」**は先ほどの弱気《じゃくき》につながり、その人自身が不幸になってしまうとも考えています。

「必要以上の優しさ」とはどういうことか、もう少し具体的に説明しましょう。

シンプルにいうと、**相手が望んでいないことまで先回りして考えすぎてしまい、その気苦労で疲れ果ててしまう人**です。

育児をしている方のケースです。

お子さんのために朝は誰よりも早起きしてお弁当を作り、夕方は塾の送り迎えをして、夕飯を準備する。子どもが寝た後にやっと自分の時間と思ったら、疲れ果ててウトウト……。翌日はまた早起きしての繰り返し。

これらは一見、子どものためのように見えますし、その本人（お母さん自身）がよろこんで楽しそうにやっているのであれば問題ありません。

しかしもし、「私はこんなにやってあげているのに！」と子どもや旦那さんに対してイライラしたり、「なんで私は自分の時間がとれないの！」と、グチったりしながらであればどうでしょう？

じつは子ども側からすると「いろいろやってくれることよりも、**お母さんが笑顔でいてくれたほうがずっとうれしい**のに」と感じているかもしれないのです。

「私も楽しく笑顔で過ごしたいから、みんな手伝ってねっ♪」と言って、子どもや旦那さんに家事を手伝ってもらったり、一緒にご飯を作ったり、外食をしたりすることもできます。そうすると自分の時間もできるし、子どもにイライラしすぎることもありません。

必要以上に優しい人は必要以上に与えすぎて、自分の生命エネルギーを枯渇させてしまい、疲れ果てて動けなくなってしまいます。

さらに、相手が期待どおりの反応を返してくれないと、「私はこんなにやってあげているのに……」と悲しくなったり、怒ったり、悔しくなったりします。

でも残念ながら、相手はそれを望んでいないのです。望んでいないことを勝手に妄想して、やっただけなのです。厳しく聞こえてしまうかもしれません。けれどもこのように、与えすぎの人が日本人には多いという印象があります。

優しいことは悪いことではないのですが、必要以上に優しくなることはいますぐやめることをおすすめします。

「『必要以上に優しい』のさじ加減がわかりません」

という方もいらっしゃるでしょう。

必要以上に優しい状態とは、相手に何かをしてあげて、そしてイライラしてしまう状態です。イライラというネガティブなエネルギーを使わないと、自分自身を動かすことができないぐらい生命エネルギーが枯渇し、マイナスのほうに振れてしまっています。だからこそ不機嫌になってしまうのです。

一方、自然と優しくできる状態は、必要以上に優しい状態ではありません。**自分の心が満たされていて、相手に優しくすることがとても気持ちいいと感じられる状態です。**この状態ならば子どものお弁当を作るのも送り迎えをするのも、楽しい気分を保ってできます。

自分が楽しいかどうか。

この心のバロメーターを、必ず持つようにしましょう。

心が楽しくないときは、優しくしすぎている証拠。与えすぎているときです。

心が楽しいときは、適切に与えているときです。

ということは、**人に優しくするためには、自分の心が満たされていることが大事**であることがわかりますね。日頃から**自分は何がうれしいのか、何によろこびを感じるのか、しっかりと把握しておきましょう。**

ある人は本を読むことかもしれませんし、ある人はカフェで友達とおしゃべりをすることかもしれません。旅行する、キャンプに行く、ゲームに熱中する……まさに人それぞれですね。

考えすぎかな…と思ったら「ドラゴンダンス」！

「何をしているときが楽しいか、自分でもわからない」。そんな人はちょっと考えすぎかもしれません。じつは、考えすぎも邪気が溜まってしまう理由のひとつ。

そんなとき、**頭を空っぽにして、ただ純粋に「楽しい！」を実感できる**とっておきのダンスを紹介します。

それが**「ドラゴンダンス」**です。

ドラゴンダンスとは、**両手を合わせて、龍のようにくねくねと踊りながら「ドラゴン、ドラゴン」と口にするだけのシンプルなダンス**です。

やってみるとわかるのですが、**そのくだらなさに大笑い**してしまいます。

一見、非常にバカバカしく見えるのですが、このバカバカしさが**子どものように楽しむ心**を取り戻してくれます。

ドラゴンダンスをした方々の感想を聞くと、

「悩みが吹っ飛んだ！」
「エネルギーが爆上がりした！」
「無になって宇宙とつながる感覚があった！」

などなど、そのバカバカしさと反するような、肯定的な感想がたくさん寄せられています。自分の楽しいことがわからない人は、日常で心が動いていないのです。**心を動かすには、体を動かすこと。そして、大笑いすること。それだけで、自分の感覚が取り戻せるのです。**

自分にとって「楽しいことは何か」がわかれば、必要以上に優しい人になることもありません。ぜひ、ドラゴンダンスで楽しみを味わいながら、強く優しい人になってくださいね！

ドラゴンダンスは文章だけではなかなか伝えづらいものです。

もし良ければ、こちらの動画でドラゴンダンスを確認してください。

無邪気な子どもの心に戻って、楽しめると思いますよ！

ハッキリ断っても、嫌われない

弱気《じゃくき》な人や必要以上に優しい人は、「できないことを断る」のがすごく不得意です。断ることに恐怖すら感じる人がいます。

「相手に嫌われてしまうのではないか……」という恐怖心から、「やりたくないこと」や「できないこと」の主張をのみ込んでしまうのです。

このメンタルは、おそらく**幼少期の記憶**が関係しています。

お父さんやお母さんから頼まれたことをやると、ほめてもらえた。もしくは、やりたくないと駄々をこねたら、とても怒られた。こうした経験から、常に相手からほめられるか、怒られるかの二択で判断するようになってしまったのです。**判断基準が「自分がやりたいか・やりたくないか」ではなく、「相手からほめられるか・怒られるか」**になってしまうと、いつも相手の顔色をうかがうようになります。

このように、他人のふるまいが自分の判断の「軸」になっている状態を**「他人軸」**と呼びます。**「他人軸」で生きるのは本当に苦しい**ことです。

幼少期の環境は、その人の人格形成に強い影響を与え続けます。

やりたくないのに、もしくは本当はできないのに断れなかったりするのは、過去の精神的ショックが原因です。悪いのはその人ではなく、その人の周りの環境なのです。

しかし、自分の人生は自分で変えていくことができます。自分の人生を自分で再教育していく気持ちを持ってください。

言葉を換えると、自分の中の**「自分軸」**を育てていくのです。

そのための第一歩が、**やりたくないことや、できないことはハッキリ断るということ**です。

断ることに恐怖を感じる人には、最初はとても勇気がいることでしょう。

しかし勇気を出して誰かの要求を断るという行動をしてみると、**案外、相手はそれほど嫌ったり怒ったりしない**ということが、体験としてわかってきます。

もちろん、怒る人もいるかもしれません。しかし毎回常に100パーセント、怒られるわけではないということが徐々に理解できるでしょう。

そうした体験の積み重ねが、幼少期に植えつけられて、あなたの頭の中に残っている考え方の偏りを取り除いてくれるのです。

そして、子どものころに言えなかったわがままを、大人になって言っても大丈夫なんだという**安心感**が芽生えてきます。

相手の顔色をうかがいながら生きている人は、常にビクビクしながら、不安の中で生活しがちです。それを変えるには、**「頭の中」を変える**他ありません。

相手の要求を断ったとしても、私は嫌われない。
相手の要求を拒否しても、私は愛されている。
だから大丈夫なんだ。私は私でいいんだ。
ありのまま、感じたまま、生きてもいいんだ。
そんな私が、私は大好き！

こうした感情が、心の底からふつふつと浮かび上がってくる状態が、「自分軸」がある状態です。この自分軸があると、**自信がつき、オーラも強くなり、**そして**本当の意味で相手に優しくなる**ことができます。

「龍の通り道」、背骨を意識するだけ

ここで「自分軸」を立てる方法をお伝えしましょう。
「自分軸」とは精神的な軸ですが、私たちの体を支える肉体的な軸は背骨です。

この背骨は後頭部から下半身にかけて、湾曲《わんきょく》しています。そのようすはまるで、龍のようですね。

実際に背骨は**「龍の通り道」**といわれており、背骨がしなやかにスッと伸び上がっていると、そこに**天からの龍のエネルギーが通ります。**

肉体的な軸である背骨がしっかりとしていると、精神的な「自分軸」も自然としっかりとしていきます。

「自分軸」を立てたいのであれば、まずは姿勢を正しましょう。

胸を張って、肩を下げて、骨盤を立てると、背骨はすっと自然な流れで立ち上がります。「他人軸」の人は、どこか自信がなく、姿勢も猫背気味になっています。「自分軸」を立てるには、まずは姿勢をピシッとすることです。

頭頂部はチャクラの最高部である**第7チャクラ**がある場所です。

チャクラとは、シンプルにいうと**肉体と精神を司るツボ**のような場所だと考えてください。**第7チャクラはスピリチュアルな感覚を司る、いわば「天」のチャ**

クラです。

姿勢をすっと正すと、第7チャクラから第1チャクラ（生殖器と肛門の間、会《え》陰部《いんぶ》のあたり）までエネルギーが自然と通っていきます。第1チャクラは現実や生存を司るいわば「地」のチャクラです。

「龍の通り道」である背骨がしなやかに湾曲して伸び上がっていると、龍のエネルギーが第7チャクラから入り、すべてのチャクラを整えながら第1チャクラへとつながります。この状態が非常に精神を安定させ、強くしなやかな「自分軸」を作り上げてくれます。

姿勢を正すと龍からのエネルギーが体に入り込み、自然と自信がついてきます。

龍はエネルギーを流したがっています。

「受け入れ態勢全開！」でお願いしますね。

嫌いな人は「テレビのCM」と思ってスルー

ここからは**「嫌いな人、嫌な人」への対処方法**をお伝えしましょう。

その方法とは、「嫌いな人はテレビのCMと思ってスルーする」です。

これだけでは、何のことやらさっぱりですよね。この話をする前に、まずは私たちの心と現実世界の関係について少しご説明したいと思います。

守護龍から教わったのですが、この現実世界は、自分の心のあり方が映し出されている映画のようなものだそうです。自分の心が映写機で、スクリーンに映っている映像が現実。そして、その映像を見ているのが私たちであるとのこと。

もっとシンプルに表現すると、**現実世界は自分の心が決めている**のです。

例えば、他人が驚くほどのお金を持っていても、心が満たされず幸せを感じられない人がいます。一方で、お金はそんなにないけれども、心が満たされていてとても幸せに生きている人もいます。

また、他人からうらやましがられるような地位についていたり、名声があったりするにもかかわらず、突然自ら命を絶ってしまう人もいます。

一方で、周りからは「わざわざなぜ、そんな仕事をしているの？」と思われるようなたいへんな仕事でも、働くよろこびに満たされて、幸せに過ごしている人もいます。

つまり、**幸せはいつでも自分の心で決められる**のです。

ところが、自分の心が映し出す現実という映像に、たまに嫌な人が入り込んでくることがあります。その人が現実に入ってくると、とたんに不快になり、「なんでこんな人と会わないといけないの？」「嫌なやつ！」「顔も見たくない！」と拒絶したくなることでしょう。

あなたを嫌な気分にさせる人は、「テレビのCM」だと思ってください。

テレビ番組の途中で流されるCMは、ひと昔前では番組中の内容の区切りで挿入されていました。しかしいまは、番組の内容上、これから盛り上がる、とてもいいところで入ってくるようになりました。

このCMの入り方が始まった当初は、「せっかくいいところだったのに！」「早く終わってよ！」という感想を持った人が多かったと思います。

ですが、最近ではもうすっかり慣れてしまいました。いいところでCMが入っても、以前ほどイライラしなくなったのではないでしょうか。

「あぁ、またCMか」と淡々と受け流して、CMが終わるのをゆっくり待つ。「ちょうどいいや」とお茶をいれたり、トイレに行ったりする人もいるかもしれません。

私たちを嫌な気分にさせる人も、これと同じです。

あなたの心の映写機からスクリーンに映し出される映像に、突然割り込んでくるCMみたいな存在だと捉えてみましょう。

すなわち、「あぁ、またCMか」と受け流すのと同じように**「ああ、また嫌なやつか」と淡々と受け流して、いちいち関わらなければいいのです。「どうせすぐいなくなるだろう」と思って、あまりエネルギーを向けない**ことが大切です。

嫌な人との関わりをまったくのゼロにするのは難しいかもしれません。

しかし、嫌な人と遭遇したときの心の持ちようは、私たち自身で変えることができます。嫌な人に遭遇したら、「これはテレビのCMなんだ」と思って淡々と受け流し、**すぐにその人から離れて、違う映像を見る**ようにしてください。

よく、「嫌な人から学べることもある」「嫌なことから逃げていては成長しない」といわれることがあります。そのため、あえて嫌な人と一緒に居続けたり、嫌な人から遠ざかる選択をしなかったりする人もいます。もちろん、その考え方にも多少の真理は含まれてはいるでしょう。

ですが、**私は嫌な人のそばから離れたほうが、人生全体としてのメリットは断然大きいと思います。**なぜなら、嫌な人から学ぶことよりも、**自分が楽しいと感じることから学ぶことのほうが、より深く大きな学びが得られる**からです。


小学校のころを思い返してください。嫌いな授業と好きな授業、どっちのほうが得意になりましたか？　楽しいことやワクワクすることから学んだほうが、学びの効率が良いのです。

ですから、嫌いな人は自分の視界の外側に置いてしまいましょう。

もし入り込んでくるようだったら「あぁ、またテレビのＣＭが始まった」と思って淡々としていてください。いちいち関わろうとしたり闘ったりすると、邪気が発生してしまい、あなたの気分をどんよりさせてしまう原因になります。


嫌な人はテレビＣＭだと思う**「スルー力」**。これが邪気からあなたを守ります。

苦手な人は「ロケット」で宇宙に飛ばす

苦手な人への対処方法を、もうひとつお伝えしておきましょう。

それは、イメージを使った対処法です。これは龍から教わったのではなく、私の実体験です。次の順番でイメージしてください。

①　**ロケットを想像する**

②　**あなたが苦手な人を、そのロケットに入れる**

＊ロケットからは線が出ていて、あなたの手元の赤いボタンにつながっています。その赤いボタンをポチッと押すとロケットが飛ぶ仕組みです。

③ 元気に明るく、「3・2・1・発射！」と言ってボタンを押す
④ 空高く飛んだロケットは地球の大気圏を越えて、宇宙まで飛んでいく
⑤ 飛んでいくロケットを見ながら、心の中で「ありがとう！　バイバーイ！」と言って、明るく手を振る

このイメージワークは、1回行っただけでは効果を発揮しません。嫌な人に会うたびにやってみてください。

私には会社勤めの時代、どうしても苦手な同僚がいました。その人と顔を合わせるたびに、このワークをしていたのです。だいぶ性格が悪いですね（笑）。

当時の私は自分の心に正直に生きたかったのです。しかし、会社という組織の中ではどうしてもその人と顔を合わせなくてはいけません。

会社を辞める勇気もなかったので、私にはこのワークをするしか選択肢がありませんでした。そこで、毎日毎日、顔を合わせるたびにロケットにその人を乗せ

て、**「ありがとう！　バイバーイ！」**とやっていたのです。

するとどうでしょう。ある日、その人に**異動の辞令**が下りました。異動先はなんと海外！　さすがに「少しごめんね」って思いました（笑）。

飛ばしすぎちゃったかな……と。

ところが話はここで終わりません。

じつは僕の苦手な同僚は、結婚できないことに深く悩んでいました。「自分はこのままひとりで寂しく年老いていくんだ……」と、いつも漏らしていました。しかし海外支店に異動した彼は、現地で知り合った社内の女性社員と結婚し、なんとお子さんまで授かったのです！

私が自分の心に従ってその人を遠くに飛ばしたことは、一見悪いことだったかのように思いました。しかし、海外への異動が結果的にその人にとって**「最高の幸せ」**をもたらしたのです。

先ほど申し上げたとおり、人生は自分の心の映写機が、現実というスクリーンに投影している映像を見ているようなもの。

ですから、**自分の心に従って生きると、周りの人も幸せになる**のです。

苦手な人がいたら、遠慮することなくその人をロケットで飛ばしてください。

それは、藁《わら》人形で相手を呪うような行為ではありません。ただただ、自分の心が軽くなると思って行動するだけです。そうすれば結果として、自分も相手も幸せになります。

あなたの心を幸せにすることが、周りの人を幸せにすることにつながるのです。

悪縁がバサッ！　と切れるイメージワーク

龍は人と人との縁を結んでくれます。

龍は縁結びが大得意なのです。

縁結びが得意ということは、じつはその正反対、**縁切りも得意なのです。**

不動明王は、右手に持っている剣で邪気や不要な縁を断ち切るといわれています。その不動明王が持つ剣には龍が巻きついています。

この龍を**倶利伽羅龍**《くりからりゅう》といいます。

不動明王様と龍神様は、その剣の力で不要な悪縁を切ってくださるのです。

人と人とは**目に見えないエネルギーのコード（線）**でつながっています。

例えば、親しい人と会話をしていると、すべてを話し終えていないのに「あぁ！　わかった、わかった！」とすっかり納得してしまった経験はありませんか？　もしくは、言葉としては何も言わなくても、目配せをしたり、軽く手を上げたりするだけで、相手が自分の言いたいことを理解してくれるケースもあるでしょう。

長年寄り添った夫婦を想像してください。旦那さんが食卓に右手をポンと乗せただけで、奥さんは「お茶が欲しいんだな」と察知して、実際にお茶を出すことがあります。

こんな不思議な現象が起きる理由は、**2人の間に目には見えないエネルギーコードが存在するから**なのです。

他にも、相手にLINEしようと思った瞬間、相手のほうからLINEが来た、Aさんのことを考えていたら、SNSでAさんの投稿がトップに表示された……。

みなさんもきっとご経験のある、一見偶然のようなこれらの現象も、**お互いが**

エネルギーコードでつながっているからこそ起こっているのです。

仲のいい人との間にこのようなエネルギーコードがあると、とても幸せな気持ちになりますね。ですが残念なことに、このエネルギーコードは苦手な人ともつながってしまうことがあるのです。

例えば、休みの日なのに、つい嫌な上司のことを考えてしまう。

友達と遊びに来ているのに、旦那さんのイライラした顔を思い浮かべてしまう。

10年も前のことなのに、自分に嫌な思いをさせた人の顔を思い出してしまう。

物理的には離れているのにもかかわらず、こうした現象が起きてしまうのは、エネルギーコードがつながっているからです。

では、この負のエネルギーコードを断ち切るにはどうすればいいのでしょうか。

ここでも、イメージの力を使います。

① 断ち切りたい相手のことをイメージする

②　その人と自分が負のエネルギーコードでつながっていることをイメージする
③　不動明王様が持っている、龍が巻きついている剣をイメージする
④　その剣で、相手と自分をつないでいる負のエネルギーコードを力強く切る
⑤　バサッ！　バサッ！　と負のエネルギーコードがしっかり切れたと思えるまで何回も切る

これで、負のエネルギーコードは断ち切れました。

先ほどのロケットのイメージワークと同じく、この負のエネルギーコードのイメージワークも1回だけで終わらせず、なるべく毎日行ってください。

すると不思議なことに、相手が自分から離れていったり、自分の近くにいたとしても嫌な行為をしてこなくなったり、自分自身がその人に対して嫌だと思わなくなったりします。

非常に強いパワーを発するワークなので、しばらく継続すれば必ず効果を発揮することでしょう。

邪気を呼ぶ「だぢづでど」の口ぐせをストップ！

1章では、邪気払いの言霊として、龍神祝詞や「金運龍如爆上」をお伝えしましたね。こうした邪気払いの言葉がある一方で、逆に邪気を呼び寄せてしまう言葉もあるのです。

それが、邪気を呼び寄せる**「だぢづでど」**の口ぐせです。

この口ぐせは、無意識のうちに口に出してしまいやすい言葉なので気をつけてください。たまに言うくらいなら問題ありませんが、一日のうちに何回も繰り返しているようなら、邪気を大量に引き寄せている可能性が高いので要注意です。

「だぢづでど」の口ぐせとは、「だぢづ(ず)でど」を頭文字に持つ言葉のことです。

だ……だって
ぢ……時間がない
づ……ずるい
で……でも
ど……どうせ私なんか

「あっ！　けっこう言っているかも！」と気づいたあなた、**即刻言うのをやめましょう。**その理由は、これらの言葉は生命エネルギーを落とすからです。

「だって」「時間がない」「ずるい」「でも」「どうせ私なんか」と言ってしまう人は、現実が動きません。

心の奥底に、変化を起こした結果、がっかりしたくないという気持ちが潜んでいて、変化することに対して必要以上に恐れを抱いているからです。

勇気を出して「怖いはGO！」

私は龍から応援されるには、**やってみたいと思うことを、どんどんやってみること**が大事だと常々言っています。

ただし、未知のことをやるのは誰しもドキドキするものです。でも、そこで思い切って勇気を出し**「怖いはGOだよ」**と話しています。

「怖いはGO」とは、怖いと感じることは自分の現状維持の殻《から》を破って可能性を開くことなので、**「怖いと感じることこそ行動すべきなんだよ」**という意味です。

「これをやってみたいけれど怖いな」「こういう人生を送ってみたいけれど怖いな」……。そう感じることこそ真っ先に行動すれば、**龍からの強力なサポート**を受け取れるようになり、人生を大きく変えていくことになるのです。

ところが、「だぢづでど」が口ぐせの人はどうでしょう？

「だって」「時間がない」「ずるい」「でも」「どうせ私なんか」の言葉は、「行動したくない」と宣言しているのも同然の言葉です。そのため、どうしても龍からの力添えは得づらくなってしまうのです。

ただ、そうは言っても行動することが怖い人もやはりいるでしょう。

「現状を変化させることなんて、自分にはできない」と思い込んでいる方も多いと思います。

そんな方は、**まずは口ぐせから変えてみる**のがおすすめです。

「だって」「時間がない」「ずるい」「でも」「どうせ私なんか」と言いそうになったら、いったんのみ込んで、**「大丈夫、大丈夫」**という言葉に変えてください。

「大丈夫」という言葉は、強力な邪気払いの言霊です。

ふだん「だぢづでど」を使っているな……と気がついたあなたは、**「大丈夫」**に変えましょう！

現実がより良いものへと変化すること、間違いなしです。

「ニコニコ笑顔」こそ、最強の邪気払い！

幸せな人生を送っている人には共通点があります。

それは**笑顔が素敵**であることです。そんな人たちは、「幸せだから笑っている」のではなく、幸せじゃないころから笑顔を心がけていたのです。

なぜならば、**笑顔は最強の邪気払い**であり、そして**幸福を招き寄せるのも笑顔**だからです。

昔から**「笑う門《かど》には福来る」**といいますね。笑っている人には、やはり幸せやチャンスが訪れるのです。**「笑《わら》い」**は**「払《はら》い」**に通じます。笑っているだけで、邪気は勝手にいなくなるのです。

先ほどから申し上げている弱気《じゃくき》の人の多くは、うつむき加減で、つまらなそうにしてしまいがちです。そんな人は顔を上げて、口角《こうかく》も上げて、笑顔になるだけで、運を呼び込むことができるのです。

日本古来の神様を見てください。福の神は、みんな笑っていますね。インドの神様にいたっては、踊っていたりもします。仏像で表現されている阿弥陀如来《あみだにょらい》様や弥勒菩薩《みろくぼさつ》様もさりげない笑顔でいらっしゃいます。聖母マリア様もほほ笑んでいます。そして**龍神様も口を大きく開けて笑っています!**

神様と呼ばれる存在の方々は、みんな笑っているのです。

ですから、笑顔でいることは、神様のお力を借りて邪気払いする一番簡単な方法です。まずは毎朝鏡を見て、口角を上げるところから始めましょう。「すでに私は笑顔です」という人は、その3倍くらい笑顔をつくってみましょう。頬が痛くなるくらいまで、口角を上げてください。鼻の穴も思いっきり開いて（笑）、上の歯も下の歯も、なんなら歯茎も全部見えるぐらい笑いましょう！

すると表情筋が鍛えられて、ふだんの笑顔が、よりニッコリと楽しそうな笑顔になっていきます。3倍の笑顔をつくるだけで楽しい気持ちがどんどん膨らみます。ぜひやってみてください！

最近は、日常的にマスクをする人も多いでしょう。マスクをつけていると、それだけ笑う機会も減りがちです。つまりいまのご時世、日本中で笑顔が減っているということです。

ですから、マスクの下でも意識して思いっきり笑ってください。そしてマスクを外したときにも、とびっきりの笑顔を見せてください。

「自分の笑顔が好きじゃない」という人もいますが、あなたの笑顔は、必ず誰かを幸せにします。**笑顔が発するハッピーエネルギーは、人に伝染する**からです。そんなふうに他の人がよろこんでくれたら、いつしか自分の笑顔もだんだん好きになっていくもの。ですから、ぜひ口を大きく開けて、目も大きく開いて、鼻も思いっきり膨らませて、笑顔を作ってください。

ハッピーエネルギーを放つビッグスマイルでいるだけで、邪気はたちどころに消え去り、幸せが近寄ってきてくれます。

即座に離れるべき「邪気《じゃっきー》ちゃんズ」とは？

自分では邪気がついていないと思っていても、実際には邪気がたくさんついている人がこの世界にはたくさんいます。

そのような人たちは、自分には邪気がついていないと思っているので、とりわけ現状を改善しようとしません。しかし、**日々の暮らしの中で接する人たちからエネルギーを奪い、自分の邪気を周囲の人たちにつけてしまうのです。こういう人たちからは、即座に離れてほしいと思います。**そうでないと、あなたに邪気がついてしまったり、エネルギーを吸い取られたりするからです。

誤解のないように最初にお伝えしますが、これらの方々もじつは心の中に傷を抱えていて、それを**「癒したい」**、**「満たしたい」**と思っているだけの不器用な方々なのです。ですから、責めたり批判したりするつもりはありません。

しかし、中には自分の心の傷に向き合うことなく、他人のエネルギーや他人の愛情を強引に引き寄せて、自分の傷を満たそうとする人たちが存在します。改善できれば問題ないのですが、改善しようとしないのが非常に困った点なのです。

アドバイスしても本人たちは一向に変わらず、改善しないことが多いので、**離れたほうがいい**というのが私の提案です。では、具体的にどんな人からは離れたほうがいいのか、順に紹介していきましょう。

① かまってちゃん

「かまってちゃん」は、文字どおり「かまってほしい人」です。誰かにかまってもらうことで、自分の存在を肯定します。しかも、わざとネガティブな出来事を起こして、みんなの注意を自分に向けさせようとすることもあります。

集団の中で問題を起こす。リーダーやメンバーの悪口をSNSで晒《さら》す。突然機嫌が悪くなって黙り込む。ヒステリーを起こす……、などなどです。

まるで2歳児のような行動です。2歳児は、お母さんの愛情や注目を集めるために、わざと悪さをしたり癇癪《かんしゃく》を起こしたりします。

子どもであれば「かわいいね」で許されても、20歳を過ぎた大人が同じことをしていては、「いかがなものか」と思ってしまいますね。

まとめると、「かまってちゃん」とは、**愛情が満たされていないので、他人に迷惑をかけることで自分に注目を集めようとする人**のことです。

② こじらせちゃん

「こじらせちゃん」は、「どうせ私なんか」が口ぐせの人たちです。本当はもっと活躍したいのに、「どうせ私なんか無理」と言ってあきらめてしまいます。あきらめるだけならまだしも、努力して活躍している人を妬んだり、批判したり、挙句の果てにはＳＮＳで攻撃したりします。

本当はうらやましくてたまらないにもかかわらず、行動して失敗することに恐怖を感じているので、うまくいっている人を見ては、「あの人はがめつい人だ」と批判することがあります。当の本人は何も行動していないのにもかかわらず、です。

イソップ童話の中に『すっぱい葡萄《ぶどう》』という話があります。高いところにある葡萄が取れない狐が「あれはどうせ、すっぱい葡萄だ」と言って、葡萄を取りに行くのをあきらめてしまう話です。まさに「こじらせちゃん」の思考といえます。

つまり、**本当はやりたいことがあるのに自分にはその能力がないと勝手にあきらめ、自分以外の誰かを批判したり、もしくは自分自身を否定したりする人のことを「こじらせちゃん」と呼ぶのです。**

勇気を出して行動すれば、「こじらせちゃん」から脱することができるのに、ずっとその場に居続けている……。こんな人からは、即座に離れてくださいね。

③ くれくれちゃん

「くれくれちゃん」は、とにもかくにも「何かをもらうことで、自分に対する愛情を確認する人たち」のことです。

例えば、ショッピングモールなどで無料の風船がたまに配られていますね。その風船をもらうために、列に2回も3回も並んでいる人は、まさに「くれくれちゃん」です。

また、化粧品の無料サンプルをもらえるだけもらおうとする人、デパートの試食コーナーをずっと歩き回っている人も「くれくれちゃん」です。

とにかく「損をしたくない」という意識が強すぎるのです。自分は何も与えていないのにもかかわらず、「相手からもらおう」とする意識が強すぎる人たちは、お金に恵まれません。

この世界は、「与える人」が受け取れるようにできています。

ですから、与えることをせず、人から奪うことばかりに熱心な人には、邪気が溜まってしまい、お金に恵まれることがありません。

スピリチュアルなセッションを開催している人が抱えがちな悩みがあります。

それまで無料だったセッションを有料に切り替えた途端、昔の友達から突然「お茶しようよ」という誘いが来るのです。相手はお茶をするふりをして、セッションを無料で受けようとする魂胆なのです。これも「くれくれちゃん」一族といえるでしょう。

④ いきなり霊能者ちゃん

こちらが望んでいないのにもかかわらず、いきなりスピリチュアルなメッセージを相手に告げて、不快な思いをさせる人たちのことを「いきなり霊能者ちゃん」といいます。

例えば、初対面で突然、

「あなたエネルギーが乱れているよ」
「今日の服装、あなたのカラーじゃないね」

「あなたは本音で生きてないよね。ウソつきだよね」
「あなたは、前世でひどいことしてきたね」
「あなたの後に浮遊霊がついてるよ」

などと相手が何ら望んでいないのにもかかわらず、突然、苦言を呈してしまう人が「いきなり霊能者ちゃん」です。

こういう人たちは、本人は無意識かもしれませんが、自分が持っている特別な能力を他人から評価してほしいという気持ちでいっぱいなのです。

もちろん、そういう気持ちを持つこと自体は悪いことではないのですが、問題なのは、心の準備ができていない相手に対してそれを伝えてしまうこと。

霊能者、もしくはスピリチュアルなことを仕事にする人としては、かなり問題のある行動です。目に見えない世界を対象にするプロフェッショナルとして、大切にすべき**「相手の気持ち」**という目に見えないものが見えていないのですから。

コミュニケーションの最低限のマナーすら守れない人が、霊能力やスピリチュアル能力を使ってしまうのはとても危険なことなのです。

もし、あなたが「いきなり霊能者ちゃん」に出会ってしまったら、この本を優しい気持ちでプレゼントしてあげてください。その人が、自分の能力を「他人のよろこびにつなげていきたい」と正しく思える魂の持ち主であれば、きっとその人は良い方向に変わっていくことでしょう。

逆に「自分の心を満たしたい」「ほめられたい」「認められたい」という承認欲求のかたまりのような人であれば、この章はスルーしてしまうでしょう（笑）。

⑤　悲劇のヒロインちゃん

「私は悲しい！」「つらい！」ということを、とにかくまき散らす人のことです。

冷静になれば自分で対処できるはずなのに、必要以上に感情的になって、相手からの注目や承認を得ようとします。先に紹介した「かまってちゃん」にとても似ていますが、「悲劇のヒロインちゃん」の特徴は、非常に表現力が豊かだということです。

「私はこんなに不幸なの」「こんなにダメなの」「私の過去は、こんなにつらかったの」……と、とうとうと述べて、強引に話を聞かせようとしてきます。まるで次々とわいてくる温泉の源泉のように、話が途切れることがありません。

「悲劇のヒロインちゃん」は、自分の話を聞いてくれる人を常に求めています。とにかく話を聞いてくれる人を探していて、自分がいかに恵まれていないかを延々と話し続けます。考え方や習慣を変えず、自分で良くしていこうという行動をとりません。

聞いている側としては、最初は同情心が芽生えるものの、あまりにも悲劇ばかりを伝えてくるので、だんだん辟易《へきえき》してきて気分が悪くなってしまいます。

「悲劇のヒロインちゃん」に下手に捕まると、3時間は抜け出せないので要注意です。30分ほど話して、「この人、悲劇のヒロインちゃんかも！」と思ったら、先ほどの「できないことはハッキリ断る」を思い出して、**「次の予定があるので帰ります！」**と早々に切り上げましょう。

いかがでしたでしょうか？　あなたの周りにこうした「邪気ちゃんズ」がいたら、**即座に距離を取ることをおすすめします。必要以上に優しくする必要はありません。**あなたのエネルギーを奪い、邪気をつけようとしてくる人から、あなた自身を守ってあげてください。

この章を読んで「ひょっとして私、邪気ちゃんかも!?」と思ったあなた。

安心してください！　大丈夫です。この本を読んでいる時点で**「自分を変えよう」「改善しよう」**という気持ちがあるということ。

そんなあなたは「邪気ちゃん」ではありませんから、安心してくださいね。

第4章

龍神は、部屋をパワースポットに変える

【住まいの浄化術】

トイレや洗面台など、水まわりを優先して掃除しよう

龍は**水の神様**なので、**水があるところに宿る**性質があります。

龍は「流」と同じ発音です。つまり龍のエネルギーは、流れがあるところに宿りやすく、**良い気や良いエネルギーも、流れがあるところに起きやすい**のです。

もちろん、パワースポットなどに出かけて龍のエネルギーを感じることができたとしたら、それはそれですばらしいことです。しかし、ちょっと考えてみてください。あなたが過ごしている時間が長いのは、パワースポットではなく、圧倒的にご自宅、ご自分の部屋ではないでしょうか。

ですから、**ご自宅をパワースポット化することが、邪気払い、ひいては運気上**

昇には欠かせないのです。

そこでカギを握るのが**水まわり**です。**キッチンや洗面台などの水まわりは、常にきれいに保ちましょう。**水まわりがいつもピカピカしていると、それだけで気分も上がりますよね。気分が上がると、運気も自然と上昇します。

逆に水まわりが汚れている家に住んでいると、エネルギーが浪費されてしまい、自分らしく生きづらくなるのです。水の流れが滞ると、そこに邪気が溜まりやすくなります。住む人の運気や健康に、悪い影響を及ぼしてしまうのです。

邪気払いはトイレ掃除から

邪気を払いたい人は、**まずトイレ掃除から始めてみてください。**

トイレは昔から**金運が上がる場所**といわれていて、私の知人の著名なビジネスパーソンは、毎日素手でトイレ掃除をしています。

漫才師、俳優、そして映画監督としても有名なビートたけしさんも、自分が成功した理由は「毎日トイレ掃除をしたからだ」と発言されています。トイレを掃除することは、運気上昇にとても効果があるのですね。

実際にトイレ掃除をしてみると、**心がすごくスッキリする感覚**を味わうことでしょう。他の部屋を掃除するよりも、なぜかトイレをきれいにすると格段に心もきれいに磨かれるのです。

その秘密をご説明しましょう。

じつは**外側の現実世界と内側の精神世界はつながっています。一般に現実世界の中でも「かなり汚い場所」として認識されているトイレをきれいにすると、その作用はあなたの内側の精神世界、つまりあなたの心にも働きかけて、心が晴ればれとスッキリする、というわけです。**

私もよくトイレ掃除をします。良い気分転換になって、一瞬で心がスッキリするのをいつも感じています。心がきれいになると、体もきれいになります。

そして**あなたの人生自体が、美しいもの**へと変化していきます。トイレはできるかぎり、きれいにしておくことをおすすめします。

しかし、あまり神経質になる必要はありません。

「水まわり（トイレ）が汚いから、龍が応援してくれないかも……」と考えてしまっては逆にストレスです。

掃除が原因で落ち込んでしまい、邪気を溜めやすくなっては本末転倒。まずは自分が「心地いい」と感じる頻度から始めるので十分です。気がついたときにちょっと掃除をする、きれいにするという習慣を心がけましょう。

また、**便器のフタには金運や財運を逃がさないために「封」をするという、大切な役割があります。**さらに**フタをすることで、水に溜まった邪気をトイレに充満させずにすむのです。**

トイレの神様は、意外な場所にいらっしゃる

トイレには「トイレの神様」がいらっしゃいます。

トイレの神様は、トイレルームのどこに宿っていらっしゃるでしょうか？

答えは、意外にも**ペーパーホルダー**です。

トイレットペーパーの**「紙」**は**「神」**に通じています。

ですから、トイレットペーパーを取り付ける**ペーパーホルダーは神様を支えている場所**ともいえるのです。

突っかかりなどの故障はなるべく早く修理し、いつもカラカラッときれいな音で紙がスムーズに出てくるようにしておきましょう。常に手を触れる場所なので、ウェットティッシュなどで頻繁に拭くようにしてください。

水まわりにある換気扇や照明にも気を配りましょう。特に**換気扇は、家のエネルギーの流れを左右する非常に重要な役割**を果たしています。

龍は流れのあるところに宿りますから、水と同様、**風が流れるところにも龍のエネルギーが宿ります。**

龍は風の神様でもあるのです。換気扇は定期的に掃除をして、いつでも**新鮮な空気**が入ってくるようにしておきましょう。

アロマやお香は、室内を浄化してくれる

お部屋を**いい香りで満たしておく**のは、邪気払いにとても効果的です。

人間の大脳は大脳新皮質と大脳辺縁系に分かれています。大脳辺縁系は、食欲や性欲といった本能、そして感情や記憶などに関係している部分です。

香り（嗅覚）は、この大脳辺縁系に、大脳新皮質などを経由せずに直接刺激を与えることができます。これは視覚や聴覚などの五感の中で、嗅覚だけが持つ特徴です。

大脳辺縁系に直接作用するということは、**感情に影響する**ということです。

感情はその人の**「幸・不幸」**に直結します。ネガティブな感情を抱くと不幸になりますし、ポジティブな感情を抱くと幸せになれます。

ということは、**日常的に幸せを感じる香りに包まれていれば、感情はポジティブになり、幸せになれる**のです。一方で、日常的に不快な臭《にお》いを感じていると、感情はネガティブになり、不幸になるといえます。

お寺に行くと、境内のお香の香りになぜか心が落ち着くことがあるでしょう。じつは**古代の人たちは、香りの持つ力を活用して神様とコミュニケーションをとってきました。さまざまな神事や儀式の場で香りを使うことで、人々はエネルギーを整えていたのです。**

神社やお寺、教会などに行くと、荘厳な空気を感じつつもなぜかほっとした経験をお持ちかと思います。敬虔な気持ちがわいてくる理由のひとつは、この**香りの力**だったのです。

自宅の浄化にはアロマがおすすめ

それでは、自宅ではどんな香りをたけばいいのでしょうか。
まずは、アロマがおすすめです。あなたの好きな香りを探してみましょう。

ストレスなどによって、緊張した心や体をほぐしたいときはラベンダー。
不安やイライラをそっと鎮めたいときはゼラニウム。
心や体のバランスを整えたいときはハーブティーでもおなじみのカモミール。
気分を明るくして、優しい気持ちになりたいときはネロリ。
気分を高揚させて、多幸感に浸りたいときはローズ。

さまざまな香りがいまや簡単に手に入ります。それぞれ試してみて、お気に入りの香りをぜひ見つけてください。

私はクライアントの相談に乗るときに、よく**ティートゥリーの香り**を使っています。ティートゥリーには抗ウイルス作用があり、古くから傷薬としても使われていました。個人的にも、**邪気を払って本来の自分にかえらせてくれる感覚が非常に強いアロマだと思います。**

アロマで空間を浄化するには、アロマディフューザーがおすすめです。

エッセンシャルオイルをミスト状にして、部屋全体に拡散してくれるので、**高いレベルの浄化**が期待できます。空間の浄化はもちろん、心地いい香りを嗅ぐことによって自分自身の浄化にもつながります。リビングや寝室などで使うといいでしょう。

時間帯では、朝は気分が上がる柑橘系のアロマを、夜は気分が落ち着くフローラルやハーブ系のアロマをたくのがおすすめです。

アロマライトやアロマキャンドルを使うと、香りの力に光の力も加わるため、さらに浄化効果が高まるでしょう。ぜひ、夜の静かな時間に香りと光で癒されてください。

また、アロマスプレーを作ったり購入したりするのもいいですね。いつも持ち運べば、出先でも手軽に浄化することができます。

例えば、嫌なことがあったり、苦手な人と会ったりした後に、**アロマスプレーを自分に2回ぐらいプッシュすると一瞬で浄化完了**です。苦手な人と会うことがわかっていれば、事前にスプレーを振りかけておきましょう。お気に入りの香りが、ある種の**「結界」**となってあなたを守ってくれますよ。

市販されている香水でも代用できます。ただし、香水は香りが強いので、下半身を中心につけることをおすすめします。

お香でおすすめなのは、「龍」の名前が入った**「龍涎香《りゅうぜんこう》」**というお香です。龍涎香は、マッコウクジラの腸内に発生する結石です。その色からアンバーグリス（灰色の琥珀《こはく》）とも呼ばれ、珍しい形をしていたことから、「龍のよだれが固まったもの」と中国では考えられてきました。

龍涎香は非常に希少価値の高い天然香料で、なかなか手に入れることができません。ごくたまにお香屋さんやネットショップで販売されていることがあります。非常に浄化作用が高く、まさに**「龍のお香」**といっても過言ではないので、もし見かけることがあれば、一度使われることをおすすめします。

焚火の動画を流すだけで、邪気が浄化される

火には、浄化の作用があります。

龍は、**火の神様**という一面も持っているので、龍のエネルギーも相まって、強力に浄化してくれるのです。古事記で登場する龍は**タカオカミノカミ**（高龗神）です。タカオカミノカミは、**カグツチ**（迦具土）という火の神様の血から生まれたとされています。つまり、**日本神話では龍は火の神様から産まれた**のです。

余談ですが、静岡県にある伊豆山神社には、水の龍神様が「白龍」として、火の龍神様が「赤龍」としてまつられています。この二龍の力が合わさることで、温泉が生み出されると考えられているのです。

守護龍から教わったことですが、**私たち人間は「愛と光」の存在**だそうです。どんなに至らない点があっても、たとえ失敗しても、私たちは本質的には「愛と光」なのです。

「光」とはすなわち**「火」**を指します。ろうそくの火を他のろうそくに移しても元のろうそくの火は減らないように、**私たちの「愛」は、どんなに与えても減ることはありません。**ですので、私たちは愛と光の存在であり続けられるのです。

光や火を見ると、なぜか心の落ち着きを感じませんか？　キャンプで焚火を見ていると心がホッとした経験、誰でも一度はあるはずです。この理由は私たちが光の存在であり、**光（火）を通して自分の本質を見ているから**なのです。

そのため、**ただ火を見ているだけでも、不要なエネルギーを手放して本来の自分にかえりやすくなる**のです。

しかし、ご自宅のリビングで焚火をするわけにはいきませんね。そんなときに、気軽に焚火を見ることができるのがYouTubeです。

YouTubeの検索窓に「焚火」と入れてクリックしてみてください。ただ焚火を映しているだけの動画が、いくつも表示されます。平均して2時間程度、長いものだと8時間や10時間も焚火の映像を流している動画があります。

自宅のテレビでYouTubeが見られる人も少なくないでしょう。**リビングに焚火の映像を流すだけで、まるで家に暖炉があるかのようなリッチな気分を味わうことができます。**

浄化作用がある火を見ているだけで、心と体が落ち着いていき、溜まってしまった邪気もどんどん抜けていくでしょう。

また、焚火の木が燃えるパチパチッという音も非常に心地よく、耳を傾けていると**瞑想状態**に入るような感覚になると思います。

瞑想状態とは心を「いまここ」に向けた**「マインドフルネス」**のことで、脳が活性化し、ストレスに強くなる効果があります。

マインドフルネスを実現する方法のひとつに、音に耳を澄ます瞑想があります。

ただただ音に集中することで、精神を落ち着かせてマインドフルネスになります。YouTubeで焚火の音に耳を傾けるだけでも、マインドフルネスが実現するのでぜひ試してください。

このように、**焚火の動画は、火のエネルギーで邪気を浄化し、光を見ることで心が落ち着き、音に耳を澄ますことでストレスにも強くなる**という、「一石三鳥」もある邪気払いなのです。

時間がある方は、焚火の動画を1時間ほどボーッと見ることをおすすめします。もし時間がなければ、5分でも10分でもかまいません。

日々の雑事に心を乱されがちなときは、**ただただ火を見るだけの時間**を自分に与えてあげてください。邪気が浄化されて、すっきりした気分になるでしょう。

「執着」を捨てる断捨離で、「迷い」も消える

お家の中の邪気払いをする最強奥義、それが**断捨離**です。
邪気とは「あなたの本来の状態を乱す、不要なエネルギーのこと」とお伝えしました。部屋の中に不要なものが溜まっていると、当然邪気も溜まりやすくなります。

いますぐは使わないけれど、なんとなく手元に残しているもの。
昔は大事にしていたけれど、いまは使っていないもの。

これらを捨てることは、邪気払いとして非常に効果が高いのです。

新しいエネルギーを取り入れるためには、古いエネルギーを手放さなくてはいけません。

濁った水が入ったコップをイメージしてください。そこに新しい水を入れても濁りが薄くなるだけで、濁ったままですよね。新しいきれいな水にしたいのなら、コップの水をいったんすべて捨ててから、新しい水を入れる必要があります。

お肌も古い角質が取れると、新しい角質が現れますよね。このような**新陳代謝**がないと、運気がどんどん落ちてしまうのです。

「古きを捨て、新しきを得る」、この「流れ」を作ることが大切なのです。「流」とは「龍」であり、断捨離は、人生に流れ＝龍を呼び込む最強奥義なのです。

しかし、多くの人が断捨離のやり方を間違っているように感じます。本当は不要なのに「いつか使うかもしれない」と思って捨てずにいるものが多すぎます。「いつか使うかもしれない」と思って取っているものの8割は、じつはもう使わないものだったりします。これではいくら断捨離をしても、不要なものを家に置き続けているのと同じこと。残念ながら、本当の断捨離とはいえません。

それでは、どうすればいいのでしょうか？

「不要なものを捨てる」ことに加えて、**「必要だと感じているもの」も捨てていくのが本当の断捨離なのです。**

例えば、ワンシーズンほとんど袖を通さないのに、昔大切にしていた洋服だから取っているものはありませんか？　客観的に見れば「不要なもの」であるにもかかわらず、本人は「必要なもの」だと感じてしまっているんですね。

この「(本当は不要なのに) 必要なものだ」という感覚。これは、**「執着」**と呼ばれるものです。

もう不要なのに、感情的に必要だと感じてしまっている。

もう二度と使わないのに、情が移ってしまっている。

こうした**自分の不要な感情を断捨離することが、じつは本当の断捨離なのです。**

ものを捨てるように見えて、**自分の執着を断ち切るのが断捨離**なんですね。

ですので、本当の断捨離をするためには、

「本当に、本当に、これは必要なものなのか？」

と何度も自分に問いながらしていくのがコツといえます。

例えば、何かに使うかもしれないコード類。いつか使うかもしれない割り箸やお手拭き。昔買い集めていた雑誌やその付録。1回も使っていない化粧品やサンプル……。こうしたものはどんどん捨てていきましょう。

もうくたびれて二度と着ないであろうTシャツや靴下。もう読まない本や聞かないCDも迷わず処分してください。

決断力が高まり、邪気ゼロ体質へ！

捨てるかどうか迷うものも、きっと出てくると思います。その場合は「これって本当に必要？」と自分の心に聞きながら判断してください。最終的に捨てるか残すかを「決める」という、決断の繰り返しになるでしょう。

じつはこの**「決める」行為がとても重要**なのです。断捨離をとおして、自分の人生において**「何が大切なのか」**を即座に決めるクセがついていきます。

ひと言でいうなら**決断力**が身につくのです。**この決断力がつけばつくほど、人生に迷いがなくなります。**

「私はこれが大切なんだ」

という**強い軸**ができるのです。断捨離というのは、**「自分軸」**を立てるためのトレーニングにもなるのです。

決断力がつくと迷いがなくなります。そして迷いがなくなると、邪気も溜まりづらくなります。邪気が入り込む余地がなくなるのです。

逆に「どうしよう」「何をしたらいいんだろう……」と頭の中でぐるぐる考えすぎると、心と体がどんどん重くなり、邪気が溜まりやすくなるので要注意です。

ようするに、**断捨離をすると部屋の浄化になるのと同時に、人生に龍を呼び込**

み、邪気を寄せ付けにくい邪気ゼロ体質に変わっていくのです。

おすすめは、休日の朝から一日かけて取り組むこと。しっかり時間をとって、周りのものたちとじっくり向き合い、そして自分の心とも向き合ってみてください。きっと夕方ごろにはたくさんのゴミ袋が積み上がっているでしょう。でも、かつて体験したことがないほど**気分は爽快《そうかい》**になっていると思います。

「こんなにたくさんのものに囲まれていたんだ！」と思うと同時に、「こんなにたくさんの邪気に囲まれていたんだ！」という驚きもあるでしょう。

断捨離こそ、邪気払いの最強奥義です。

ぜひ取り組んでみることをおすすめします。

抜群の浄化力！　パワーストーンを身につける

パワーストーンをご自宅に置いたり、パワーストーンのブレスレットを身につけたりすることも、邪気払いには非常に効果的です。

パワーストーンとは、私たち人間が生まれるはるか昔から、長い年月をかけて大自然によって作られてきた鉱物です。

何年もかけて結晶化し、**地球のパワーを宿している**と信じられていることから、「パワーストーン」と呼ばれています。

パワーストーンには、固有のエネルギーに共鳴しその力を増幅させる性質があるといわれています。

歴史を紐解いてみると、神仏の像にパワーストーンが使われていることもあります。また、日本神話においても「三種の神器」のひとつである勾玉《まがたま》は、翡翠《ひすい》（もしくは瑪瑙《めのう》という説もあり）と呼ばれるパワーストーンでできています。古来、人々は石にエネルギーを感じ、その力を信じてきたのです。

そもそも、日本のパワースポットである神社は、その成り立ちとして鳥居や拝殿、本殿という建物が先にあったわけではありません。

神様が寄りつく（「依《よ》り代《しろ》」と呼ばれる）と考えられていた巨大な石のある聖域が神社の起源とされています。

つまり太古の昔から、**石には非常に強い力があって、神様や龍神様のエネルギーが宿る**とされてきたのです。

浄化に最適なのはクリスタル

それでは、どのパワーストーンを選ぶといいのでしょう。

私が間違いないと思うのは、**クリスタル（水晶）**です。白く透き通ったクリスタルのエネルギーは、身につける人を浄化してくれる効果があり、邪気払いには最も強力とされています。

身につけているだけで持ち主の**心や体を浄化し、あらゆる邪悪な影響をはねのけてくれる**のです。クリスタルを身につけると、さまざまなしがらみから解放され、あなたを自由な人生に導いてくれることでしょう。

また、複数のクリスタルの結晶が密集して固まった**「クラスター」**も見逃せません。クラスターをご自宅のリビングや玄関に置くことで、さらに空間がパワースポット化するでしょう。

浄化力が優れているクラスターは、空間の浄化のみならず、他の石の浄化までできてしまいます。例えばブレスレットをクラスターの上に載せておくだけで、そのブレスレットは浄化されていくのです。

パワーストーンのブレスレットをつけるなら、やはりクリスタルがおすすめです。他の石との組み合わせでもいいですし、すべての石がクリスタルで作られたブレスレットでももちろん大丈夫です。

パワーストーンの世界では、それぞれの石にそれぞれの意味があるので、自分がピンとくるものを選ぶのが最善です。しかし**浄化を目的とするなら、ひとつはクリスタルが入ったブレスレットを身につける**ことをおすすめします。

日本では神は左、人間は右がルール

ブレスレットをつける手は左右どちらでもかまいません。ですが、おすすめは左手です。古来、**日本では左のほうが神様に近い**と考えられてきたからです。

日本では古くから、左が神で右が人間という意識がありました。神社の神主さんが柏手を打つ手をよく見てみると、右手を少し引いていることがわかります。
これは、右手を引くことで、**左（神様）に敬意を払っている**のです。

また、仏像の手に注目してみてください。

東大寺（奈良）の大仏様が典型ですが、左の手のひらを上に、右の手のひらを前に向けていることに気がつきます。これは如来様や菩薩様が、左手で宇宙からの力を受け取り、右手でその力を人間に分け与えているという意味があるそうです。エネルギーを受け取る手は、左と右のどちらなのかといえば左のようです。

また、脳科学的にも左手は右脳につながり、右手は左脳につながっているといわれています。右脳は、**「直感」**や**「イメージ」**を司ります。

右脳的な働きを活性化し、神様とより深くつながりたい人は、左手につけてみてはいかがでしょうか。

左利きの人など、ブレスレットを左手につけると都合が悪い、仕事に支障が出るという方ももちろんいると思います。ですので、あくまで可能であれば左手、という程度で、基本的にはどちらでも大丈夫です。クリスタル自体、浄化の力がとても強いので、左右どちらの手につけてもあなたを邪気から守ってくれることは間違いありません。

こうしたクリスタルをはじめとするパワーストーンは、人類が地球に誕生する前から何億年もかけて結晶化していることから、**「古代の叡智の象徴」**といわれています。

一方で、龍もまた人類が誕生するはるか前から存在し、この宇宙を創造し、司ってきた**「古代の叡智の象徴」**といわれてきたのです。

パワーストーンと龍は、どちらも古代の叡智を担ってきたという共通点を持っていることから相性が抜群に良いのです。

龍のアイテムから、龍のエネルギーが流れてくる

龍のアイテムを身につけるのも邪気払いには非常に効果的です。

例えば、**龍のブレスレット**、**ネックレス**、**イヤリング**、**ピアス**、**リング**、**シール**などです。ご朱印を集めている方は、**龍がデザインされたご朱印帳**もおすすめです。

龍のアイテムを身につけておけば、日々の暮らしの中で受けるストレスや邪気から龍があなたを守ってくれます。私は「龍のお守りシール」をスマホケースに貼って、いつも龍神様から守ってもらっています。

邪気がつくたびに何度も払うよりも、邪気がつきにくい**「邪気ゼロ体質」**になるのが理想です。しかし、私たちはどうしても邪気がつきやすくなってしまうため、根本的に体質を改善することが必要です。

本気でダイエットをしたいのなら、一日や二日、甘いものを我慢するとか気が向いたときだけ運動するのではなく、日々の食事の管理から定期的な運動まで、「やせ体質」に向けた持続的な取り組みが必要ですね。

ということは、邪気ゼロ体質になるには、**持続的に龍のエネルギーに触れていればいい**ということです。そうはいっても、龍の置物を持ち歩くには少し重たいですし、さすがに目立ってしまいますね。

だからこそ、気軽に持ち運べる**龍のアイテムを身につけておく**のが効果的なのです。龍のエネルギーを日常的に身にまとうことで、邪気の影響を受けづらい邪気ゼロ体質に変わっていくことでしょう。

龍のお守りは、最強の「ポータブル神社」！

龍のアイテムの中でも最強のアイテムといえば、**お守り**です。

いろいろな神社で龍のお守りを扱っていますが、**お守りには神様のエネルギーが宿っている**ので、その効果たるや推して知るべしというべきでしょう。

私は、お守りは神社のエネルギーを持ち運びできる「**ポータブル神社**」だと思っています。

龍の模様のついたお守りを見つけたら、ぜひ授かってみてください。

ここでいくつか、おすすめのお守りを紹介したいと思います。
和歌山県にある**高野山の奥之院にある龍のネックレス**は、非常に高い波動を発しています。表面には龍のデザインが施されていて、ペンダントトップを左右にスライドさせると弘法大師・空海の御姿があしらわれています。龍と空海の両方のエネルギーが受け取れる、貴重なアイテムです。

また、日本三大金運神社のひとつといわれる**千葉県館山市の安房《あわ》神社のお守り**は、海沿いにある神社らしく波と龍が描かれています。赤、青、黄、白の4色があり、どの色も非常に波動が高いお守りです。

東京都世田谷区奥沢にある九品仏《くほんぶつ》浄真《じょうしん》寺のお守りは、龍が巻きつくように描かれていて、二つのお守りを横に並べると一体の龍になるデザインです。非常にエネルギーが高いお守りで、こちらもおすすめです。

東京都西東京市にある田無《たなし》神社は、境内に五龍神をおまつりしていることから、赤、青、金、白、黒の五龍神のお守りがあります。他にも、おみくじが入った龍の陶器や、龍のおみくじ携帯袋もあります。どれもすばらしくエネルギーが高いです。

京都府京都市にある貴船《きふね》神社には、龍のお守りはもちろん、**龍の土鈴《どれい》（土製のすず）や木彫りの彫刻など**もあり、それぞれが特別なエネルギーを放っています。ついつい部屋にお迎えしたくなる波動の高いものばかりです。

その他にも、龍のエネルギーを宿したお守りはここに紹介できないほどたくさんあります。

神社やお寺に行かれた際は、ぜひ授与所をのぞいてみてください。

あなたをいつも邪気から守ってくれる、**強力な龍のパートナーと出会える**はずです。

第5章

龍神は、黄金のドラゴンオーラを強めてくる

【低級霊の浄化術】

大丈夫！　あなたは低級霊よりも強い！

邪気払いに興味がある方は、低級霊や悪霊などが自分に悪い影響を及ぼすのではないかと、不安に思う人もいるでしょう。低級霊は目に見えないので、よけいに恐怖を感じてしまいますね。シンプルにいうと、おばけを怖がるのと同じです。ですが、大丈夫です！　いまからお伝えすることを知っていただくだけで、あなたは二度と、低級霊の影響を受けることがないでしょう。

まず大前提として、私の守護龍が教えてくれたのですが、**低級霊よりもあなたのほうが圧倒的に強い魂を持っているの**です！

守護龍が、ある秘密を私に教えてくれました。

じつは、**人間は霊（魂）なのです。人が生まれたときに、魂が肉体に宿り、そして人が寿命を全うした後に、魂は肉体から離れて天界へと帰っていきます。**

そもそも「人」とは、「霊が止まる」という意味で「霊止《ひと》」と書いたのがその由来であるという説があります。

いずれにしても、人が霊（魂）であることは間違いありません。

では、人間と低級霊とを比較したとき、どちらのほうが高いレベルの存在なのでしょうか？　その答えは、圧倒的に人間です。

低級霊とは、寿命を全うしたにもかかわらず、この世に未練があるために、この世にとどまり続けている霊のことです。本来は天界に帰らなければいけないのに、帰りたくないと駄々をこねているのです。

低級霊は、かまってくれる人間が大好きです。ようするに駄々をこねて「かまって、かまって」と言っている、**幼稚なお子ちゃま霊**なのです。

一方で、人間はこの世に生を受けて、肉体という非常に不自由な乗り物に乗りながらも、山あり谷ありのさまざまな経験を楽しんでいる、**非常に崇高な魂**です。

地球に生まれ変わりたい魂は、いまの世界人口の何千万倍もいるといわれています。**地球に人間として転生していること自体が、じつは「エリート中のエリート魂」である証《あかし》**なのです。

そんな高級な私たちの魂とお子ちゃま低級霊とを比較して、どちらのほうが力が強いかといわれたら、説明する必要もないでしょう。**低級霊、恐るるに足らず！**

もちろん低級霊だってもともと人間だったわけですから、元高級霊ではあります。しかし、人間も「かまってちゃん」や「悲劇のヒロインちゃん」になってしまうのと同じように、天界に帰らず駄々をこねている低級霊たちは、どんどんそのパワーを下げていってしまうのです。

そして、高級な霊である私たち人間のエネルギーを吸い取ってパワーを得ようとする、ある意味で軟弱な霊といえます。

低級霊は怖くありません。私たちは低級霊よりもはるかに強いのですから。

その事実を知っているだけでも、低級霊は寄りつかなくなるでしょう。

弱気《じゃくき》が低級霊を引き寄せてしまう

人間は低級霊よりも強いと申し上げました。ではなぜ、低級霊の影響を受けてしまう人がいるのでしょうか？　その理由は3章でお伝えした弱気《じゃくき》にあります。

ここまで、邪気は弱気《じゃくき》に引き寄せられることと、そのメカニズムについてお伝えしました。この弱気《じゃくき》は、邪気だけでなく低級霊をも引き寄せてしまうのです。

低級霊に影響されやすい人には、次のような傾向があります。

・必要以上に優しい

・人の目を気にしてしまう

- **弱い人を助けることに必要以上に関心がある**
- **生命エネルギーが低い**

つまり、低級霊を引き寄せてしまう人というのは、低級霊にかまってしまう人、低級霊のかまってほしいという気持ちに応えてしまう人なのです。

低級霊のかまってほしい気持ちをスルーしたり、はねのけたりできれば、低級霊の影響を受けなくてすみます。しかし、弱気《じゃくき》の人はそのエネルギーを受け取ってしまうのです。

単に受け取るだけならまだしも、これがエスカレートすると「低級霊に影響を受けている私は特別なんだ」という、ゆがんだ優越感にひたってしまいます。「低級霊に影響されて、こんなにも不幸になっている私は、特別だよね」というこじれた特別感を味わうのが気持ちよくなって、低級霊と一緒にいてしまうケースもあるのです。まさに罠《わな》です。低級霊の影響を受けることに、無意識でもメリットを感じている人は、ますます低級霊を引き寄せてしまいます。霊的な「こじらせちゃん」にならないように、気をつけてください。

メリットを感じる人が低級霊を呼んでいる

10年ほど前、とある霊能者が、悪霊に取り憑かれて苦しんでいる人を除霊するというテレビ番組がありました。

あの番組の再放送を見て私が感じたのは、出演者およびスタッフ全員が、自ら低級霊を呼び寄せていたということです。

それはなぜか？

そのほうが、番組がおもしろくなるからです。

おもしろい番組であれば視聴率が上がり、結果として番組のスポンサー企業から制作費をたくさん出してもらえます。つまり低級霊に取り憑かれたほうが、番組としてはメリットがあったのです。だからこそ、番組の出演者からスタッフまでが総出で、一生懸命、低級霊を呼び寄せていたのです。

低級霊は、自分で呼び寄せることができます。逆にいうと、**拒絶することもできる**のです。拒絶さえすれば、決して影響を受けることはありません。

そのひとつの証拠として、こんなにもＳＮＳが流行しているのに、いわゆる心霊写真や低級霊が関係している情報はあまり見かけないと思いませんか。誰でも気軽に情報発信できるのに、「低級霊ネタ」はびっくりするほど少ないです。

スピリチュアル業界に身をおいている私でさえ、その手の情報に出会うのは一年に一度あるかないかです。

こんなところからも、そもそも低級霊は人に影響を与えるものではないと言い切れます。もし影響されるようならば、それは自らが無意識に何らかのメリットを感じて呼んでしまっているのです。

低級霊を感じたら、キッパリ「帰れ！」と伝える

それではもし低級霊を感じてしまったら、どうすればいいでしょうか？

あなたがもし、低級霊の存在を感じたら、**その低級霊に「帰れ！」と声に出してキッパリと伝えてください。**

決して、寄り添ったり、優しくしたりしてはいけません。

とにもかくにも、低級霊とは関わらないことが一番大事。

3章で申し上げた、「できないことはハッキリ断る」と同じことです。自分が

やりたくないことはやりたくないと、ハッキリ伝える。これは、人間でも霊に対してでも、同じことなのです。

具体的には**腹の底から力強く、大きな声**で、

「来るな！　帰れ！」

と伝えましょう。すると、たちどころに低級霊はいなくなります。なぜなら、あなたに取り憑いたところで、かまってもらえないんだと認識するからです。

実際、私に起こった話を紹介します。

ある場所に取材で訪問した際、突然、右足のふくらはぎに痛みが走りました。その痛みをエネルギーリーディング（霊を感じる特殊な技術）で感じてみると、低級霊が影響を及ぼしているとわかりました。

ですがそのときの私には取材という仕事がありましたので、低級霊と関わっているヒマはありません。即座に自分のふくらはぎに向かって、

「帰れ！　お前と遊んでいる時間はない！」

と、キッパリと伝えました。

するとどうでしょう。痛みが一瞬にして消えたのです！　リーディングをしても、低級霊が帰ったことがわかりました。

このように、強気の姿勢でキッパリと断ってしまえば、低級霊も退散してしまうのです。

同情心をほんのちょっとでも見せたり、「私が関わってあげたら、この低級霊は成仏できるかもしれない」と情けをかけたりしてはいけません。

「一切、関わらない」

そう決めてください。

なぜならその低級霊は、3章でお伝えしたとおり、関わってはいけない「かまってちゃん」そのものだからです！

邪気から守ってくれる、黄金のドラゴンオーラのまとい方

オーラを強めておくと、低級霊や邪気から自分を守ることができます。自分の周りにある種の**結界を張る**ようなものですね。

じつは、オーラの結界を張るのはとても簡単です。

① **自分の体の周りに、金色に光るエネルギーをイメージする**

＊アニメ『ドラゴンボール』の孫悟空が、スーパーサイヤ人になるときのように、金色のオーラをまとうイメージです。

② **そのオーラをだんだん大きくしていく**

＊「えい！」と力を入れると、光が外側にボンッと膨らみ大きくなります。再び「えい！」と言うと、さらに外側に膨らんで大きくなります。

③ **①と②を3回ほど繰り返す**

④ **自分が大きな光の玉の中に、すっぽりと入り込んだ状態になる**

⑤ **天から金色の龍が自分のもとに降りてくるのをイメージする**

⑥ **金色の龍が自分の体にぐるぐるとまとわりつき、強く優しく護ってくれるようすをイメージする**

この**黄金のドラゴンオーラは、邪気からあなたを守ってくれるバリアです。**「えい！」という強気と、龍のパワーがあなたの弱気《じゃくき》を押し流し、悪霊や邪気は近づくことができません。

このドラゴンオーラは低級霊はもちろん、3章でご紹介した「邪気《じゃっきー》ちゃんズ」たちにも効果的です。また、嫌な人と会うとき、もしくは邪気がたくさんつきそうな満員電車や人混みの中に入る前にもイメージするといいでしょう。

「愛だけを選ぶ」——この鉄則を守る

先ほど、低級霊は自分で呼んでしまう可能性があると伝えました。低級霊がつくことで、「私は目に見えない存在に影響される特別な存在なんだ」というこじれた承認欲求を満たすことができるからです。

このような誤った選択をしないための**鉄則**があります。

日頃から、**「愛だけを選ぶ」と決めておく**のです。

目に見えない霊的な存在には、2つのパターンが存在します。

ひとつは、低級霊、悪霊、地縛霊《じばくれい》のような邪気がついている存在。

もうひとつは、**神様や龍神様のような100パーセント愛の存在**です。

この2つの存在、あなたならどちらを選びますか？　あなたから無制限に愛を欲しがる「かまってちゃんの低級霊」を選ぶのか、それともあなたのことを常に愛し、見守り、そしてあなたの人生を応援してくれる龍神様を選ぶのか。

どちらを選ぶのも、あなたの自由です。

ですが、私は後者を選ぶことをおすすめします。なぜなら、愛100パーセントの存在である神様や龍神様たちは、あなたの人生に悪いことは起こさないから

です。むしろ**幸運をもたらし、あなたの人生をステージアップさせ、そして邪気を払ってくれます。**

人は、日々の瞬間、瞬間で無意識のうちに何かを選択しています。無意識ということは、「愛ではないほう」を選んでしまうこともあるということです。

そんな残念なことにならないように、前もって自分はどう行動するか、何を選ぶかを決めておいてください。

「私は愛だけを選ぶ」と決めておくと、愛ではない存在、すなわち低級霊や悪霊などを呼び寄せたり、影響されたりすることはなくなります。

さらには龍神様のご加護を受けやすくなり、**あなた自身の本質である愛のエネルギーも、より活発になる**ことでしょう。

そうすればお金にも友情にも恵まれるようになります。その結果として穏やかで幸せな人生の歩みにつながっていくのです。

「愛だけを選ぶ」を、ぜひ心に留めておいてください。

ネガティブな霊能者の言うことは、全部ウソ

私は仕事柄、霊能者さんやスピリチュアルカウンセラーさんとお会いすることがよくあります。この本では、霊能者とスピリチュアルカウンセラーを「**霊能者**」とまとめて表記しますね。

長年、霊能者の方々と接していて、霊能者もタイプが2種類に分かれることがわかってきました。それは、**ポジティブな霊能者とネガティブな霊能者です。**

ポジティブな霊能者は、その人についている守護霊や神様、天使、龍などを特別な霊視によって見ることで、その人の本質を思い出させたり、使命に気づかせ

たり、夢を叶える手伝いをしたりします。すなわち、**相手の幸せを心から願っている人が、ポジティブな霊能者**です。

一方、ネガティブな霊能者は次のようなことを言ってきます。

「あなたにはネガティブな霊がついているから除霊が必要です」

「除霊には私の力が必要だから、なるべく私の除霊を受け続けなさい」

「この壺を買わないと、7代先の子孫まで悪霊にたたられ続けますよ」

「あなたには闇が見えます」

このように、相手を怖がらせることだけを言って霊視を終了してしまうのです。

こうしたネガティブな霊能者は、相手の人生を良くしようと思っていません。相手を怖がらせることで、必要以上のお金を取ろうとしています。もしくは、霊視結果を伝えて不安にさせた相手の行く先が、想像できない人たちです。

目に見えない神様や龍神様たちは、常に人間を応援し愛しています。ですから、人を怖がらせたり、バチを与えたりするようなことは一切ありません。

もちろん、その人を思っての叱咤激励や厳しいアドバイスなどはときどきあります。しかしその背後には、**その人への愛情が感じられるメッセージ**しか、私は受け取ったことがありません。

ですから、ネガティブな霊能者が言うことは全部ウソだと私は思っています。

選ぶならポジティブな霊能者

ではなぜ、これほどに違いがあるのでしょうか。じつは、「霊能力」というものは**一種のスキル**なのです。たとえスキルがあっても、それを使う人の心がポジティブかネガティブかによって結果が異なるのです。

人を勇気づけたいと思う霊能者はポジティブな霊能者になり、人を怖がらせて自分の思うままにしたいと思う霊能者はネガティブな霊能者になります。

霊能の仕事は目に見えない領域を扱うものなので、つい「霊能者の言うことはすべて本当だ」と信じ込みたくなるものですが、ぜひこのことを知っておいてください。

霊能は単なるスキルであり、その霊能者の心のあり方が、発言につながっているのだと。

助言をもらうのなら、**私はもちろんポジティブで、気持ちの良い霊能者をおすすめします。**

相手を怖がらせるようなことを言うネガティブな霊能者のところには、絶対に行かないでください。そういう霊能者が考えているのは、人を騙して必要以上のお金を得るか、相手を自分の言うとおりにさせて満たされない承認欲求を満たそうとしているか、そのどちらかだからです。

霊能者の選び方、接し方について意外に多くの方がよくわかっていません。

でもこの違いを知っておくと、霊能力を持っている人とどう付き合っていくか、基本的なところがある程度おわかりいただけるでしょう。

「ネガティブな霊能者は全部ウソだ」とインプットしておいてください。

それだけで、ネガティブな霊能者・スピリチュアルカウンセラーからいじめられずにすむのです。

占いは、「いい結果だけ聞く」でOK

霊能者と同じように、**占い師**にもいろいろな人たちがいます。

占いは霊能とは違って誕生日や星座、名前の画数や手相などをもとに導かれるものです。ある程度、蓄積された過去の情報をもとにして導き出されるものなので、霊能よりも根拠がわかりやすく、多くの人たちに広く受け入れられています。

ですが、**占いの結果はその占い師の〝読み方〟によって、大きく異なる**ということをぜひ知っておいてください。

例えば、今年の運勢が六星占術でいう「大殺界《だいさっかい》」の時期だとしましょう。

大殺界は、運気的にはあまり良ろしくないといわれていて、このタイミングで例えば引越しや転職など、影響の大きい行動をとると良くない結果が出るとされています。


しかし、この大殺界をどう読むかは占い師によって異なるのです。

占い師Aさんは次のように言います。

「大殺界なので運気は最悪です。今年は**何もしないほうがいい**でしょう」

一方で、占い師Bさんの見立ては次のとおりです。

「大殺界でこれだけ活躍しているのなら、大殺界を抜けたらとんでもないことになりますね！　**どんどん行動しましょう！**」

つまり「大殺界」という占いの結果は一緒だとしても、占った人の解釈によって、結果は大きく異なるということです。

あなたなら、AさんとBさん、どちらの占い師の意見を採用しますか？

私だったら、間違いなくBさんの意見を採用します。

占い師の言うとおりにしたら、幸せになれなかった。だからといって、その占い師のせいにしても仕方がありません。他人のせいにしていては、ますます運気は下がる一方です。

占いは一般的に、**多面的な解釈**ができるものです。

ですから、**占いはあくまで参考程度にして、振り回されないようにする**ことがとても大切です。

占いで最もおすすめなのは、自分にとって都合のいい結果だけを聞くこと。

都合の悪いことは、無視してしまいましょう。

また、良いエネルギーを持った占い師、そして霊能者を見分けるコツをお伝えしましょう。

一概には言い切れない部分もありますが、やはり**明るくて活発な雰囲気を持っている占い師や霊能者にみてもらう**ことをおすすめします。

特にポイントになるのは**「顔」**です。

その人の考え方は「顔」に出ます。**表情がイキイキしている、目が澄んでいる、笑顔が見ていて気持ちがいい、**そんな人がベストです。

そういう人は「この仕事が楽しい。人を勇気づけることが私の天職だ」と思っています。

こういう方にみてもらうと、何が起きるでしょうか。みてもらう前は気持ちがすごく落ち込んでいたとしても、帰るときにはすっかり元気になったり、勇気が出たり、明るい気持ちになったりするものです。

逆に、どんよりとジメジメした感じのする占い師や霊能者にみてもらうと、帰るときにはより深く落ち込み、もうダメだと絶望することとすらあるでしょう。

元気がないときこそ、元気な占い師、元気な霊能者に会いに行きましょう。

元気な人に会えば、邪気も吹き飛んで浄化され、元気を取り戻せるのです！

エピローグ

誰もが愛にあふれた、すばらしい存在「龍の時代」を颯爽《さっそう》と生きる

龍神の浄化術で「本来の自分」にかえる

本書ではさまざまな浄化術、邪気払いの方法をお伝えしてきました。

もちろん、本書で紹介したすべてを行う必要はありません。ご自身ができる範囲で、やりたいアクションをやっていただけたらと思います。

守護龍からのメッセージです。

「あなたは、あなたのあるがままでいい」

守護龍は非常に優しいので、こんなふうに伝えます。

ですが、この言葉にも若干の注釈が必要です。

「あなたのままでいい」とは「そのままでいい」ということではないのです。

ずっとそのままでいることは現状維持、あるいは衰退することを意味します。

「あなたのままでいい」とは**「(本来の)あなたのあるがままでいい」**という意味。

「あなたが、あなたのすばらしさに気づき、本来のあなたへとかえっていくこと」

これを龍は望んでいるのです。

私の観察では、本来の自分で生きている人はそう多くはありません。多くの人が自分を見失い、自信を失って、「本来の自分」からズレて生きています。

ズレている人が、ズレているまま「このままでいい」と思ってしまっては、ズレたまま一生を過ごすことになってしまいますね。

この**本来の自分からズレさせる要素。**

それが本書で紹介した**「邪気」**なのです。

ですから、本来の自分を取り戻すためにも、一日1分でいいので、毎日邪気払いに向けたアクションをとってください。邪気を払うには、一気にドカンと行うより、**小さなことを少しずつ行うほうが効果的です。**

現代の脳科学研究によると、私たちの脳は、あまり大きなことを受け入れられない代わりに、小さなことであれば変化できるという性質があるそうです。「今日からダイエットだ！」と食事もろくにとらず、ハードな運動をしても、やせません。仮にやせたとしても、すぐリバウンドしてしまうでしょう。

一方で、食生活を和食に変えたり、ウォーキングを取り入れたりすると、すっと体重が落ちたりします。自分を変化させるには、「一発逆転！」よりも**「コツコツ」**のほうが、一見遠回りのようでも効率が良いのです。

「邪気を一気に根こそぎとるぞ！」と意気込むよりも、**毎日の生活の中でできることを少しずつ行う。**そのほうが結果として、より浄化されるのです。

また、邪気をつけない生活が大切です。

目の前のことに感謝し、水まわりをきれいにし、自分の心に正直に生きる。ときには勇気を出して断ったり、離れたりする。これらを繰り返していくことで、少しずつ「本来の自分」へとかえっていきます。

そんなあなたの小さな努力を、龍は見ています。がんばっている人を龍は見逃しません。「大丈夫、大丈夫」と優しい目線で見つめてくれています。

龍のためにも、自分自身をバージョンアップしていきたいですね。

浄化が進むと、心が愛で満たされる

そのようにコツコツと邪気を払っていくと、「邪気ゼロ体質」になっていきます。「邪気ゼロ体質」とは、どんな状態でしょうか？

それは**この世の中を、まるで「天国」そのものに感じる状態です。**

朝になると、すがすがしく目が覚める。目覚めたことに、感謝の気持ちが自然とわいてきます。外から聞こえてくる鳥の囀《さえず》りにさえ、ほほ笑むほど心がほかほかと温かく感じます。

家族や友人、仕事の仲間は愛にあふれた人たちばかりです。お互いに理解し合い、尊重し合っています。時間はたっぷりとあって、ストレスはありません。生きていることに素直に感謝します。

心の中は常に愛で満たされ、その愛を他の人に与えたいと感じます。犠牲や無理な奉仕ではなく、自然と与えたい、貢献したいという気持ちになります。お金も必要なぶんだけ流れてきて、それを使い、また流れてきて……と循環します。

本書でお伝えした邪気払いを少しずつ実行することで、このようなすばらしい生活を手に入れることができるのです。

現象としては大きな変化がなくても、**「邪気ゼロ体質」になることで、間違いなく心の捉え方が変わり、この世が「天国」のように感じることでしょう。**


この世界は自分の心が現実というスクリーンに映し出す映画のようなもの。

自分の心が変われば、世界が変わるのです。

ただ、それを自分ひとりの力で実行するのはたいへんかもしれません。

龍はその手助けをしてくれるのです。

「風の時代」を龍とともに生きていく

日本人は真面目な方が多いせいか、人に頼ることが苦手なようです。

ですので、いざ龍に頼るときに、「こんなこと龍さんにお願いしていいのかな……？」と躊躇《ちゆうちよ》してしまう人も少なくありません。

龍は常に私たち人間を守護し、無条件の愛を注いでいます。

ですから、龍からの愛を遠慮なく受け取っていいのです。龍のご加護を受け取って、人生が変わった人たちはたくさんいます。

・臨時収入が2000万円入った
・恋人ができた、結婚した
・理想の家に引越しができた
・毎月のように旅行に行けるようになった
・仕事と遊びの区別がつかない生活になった
・SNSのフォロワーが急激に増えた
・離婚寸前だったパートナーと仲良くなった
・ホワイト企業に転職できた
・長年患っていた病気が治った

などなど……。

このように、人生を大きく変化させるパワーを龍は持っています。龍にお願いする方法は1章でお伝えしました。ここで、おさらいをしておきましょう。

「龍さん、お願いします！」

まずは、これだけでいいのです。本書ではたくさんのことをお伝えしましたが、「時間がない！」という方は、これだけをしてください。

そして、龍の置物や絵を自宅に飾りましょう。それらに手を合わせて、

「龍さん、私も行動するので、追い風を吹かせてください！　お願いします！」

と伝えるだけで、**「龍の風」**が起こります。

いまや、形あるものが重視された「地の時代」から人々の精神性を重視する

「風の時代」へと大きく変わりました。

龍は人の人生に、追い風を吹かせる**風の神様**です。ですから、「風の時代」とは**「龍の時代」**ともいえるのです。**龍とともに生きる「龍の時代」では、あるがままで軽やかに自分らしく生きることができます。**

龍の時代を颯爽《さっそう》と生きるためにも、ぜひ本書で紹介した邪気払いを行ってください。まるで龍の背中に乗っているように安心しながら、希望へと歩みを進めて、幸せにそして豊かになってください。

最後に、守護龍から伝えられた、龍の時代を生きる言霊をお伝えしますね。

「私は龍とともにある」

本書があなたのお役に立ったなら、これほどうれしいことはありません。

本書を読んでいただき、本当にありがとうございました。

あとがき――すばらしい開運をあなたに

最後までお読みいただき、ありがとうございました！

本一冊を最初から最後まで読み進めていくのは、たいへんな労力がかかります。あなたの貴重なお時間を割いてここまで来てくださったことに、心から感謝申し上げます。

「浄化術＝邪気払い」をテーマにした本書は、いかがだったでしょうか？

私は龍神様に命を助けてもらいました。そして龍神様は多くの人たちを助けたがっています。私はそんな龍神様と人々の橋渡しをしたいと考えています。

本書を読み終えた後のあなたが、少しでも龍神様を身近に感じてもらえたなら、それは私にとって無上のよろこびです。

今回、本書を手に取っていただいたあなたに、感謝の気持ちを込めて特別なプレゼントをご用意しました！

龍神様のご加護が最大限に受け取れる、とっておきの贈り物です。

本書の78ページでお伝えした**「スマホを見るだけで開運！　龍の待ち受け画像」**を、本書の読者であるみなさま全員に無料でプレゼントいたします！

この待ち受け画像は、本書の付録**「最強浄化パワー　龍のお守りカード」**の別バージョンです。「龍のお守りカード」は燃えるような夕日を背にした赤富士の美しいデザインですが、「龍の待ち受け画像」は朝日が富士山に昇り、龍が天に昇る姿が描かれています。

とても**おめでたいエネルギー**を感じていただけることでしょう。

日々の暮らしの中で、龍とつながる習慣を持つことが「邪気ゼロ体質」への近道だと本書でお伝えしました。そして「邪気ゼロ体質」を実現する決定版ともいえるのが、この「龍の待ち受け画像」なのです。

私も本書の執筆中から自分のスマホを「龍の待ち受け画像」にしました。するとどんどん邪気が取り除かれて、運がますます良くなったのです！

スマホを持っているだけで、明るくハッピーな気持ちに変わりました。

私からのプレゼントを、ぜひ受け取ってください。本書の公式ＬＩＮＥのＱＲ

コードから、公式ＬＩＮＥへのご登録をお願いします。登録後、「龍の待ち受け画像」が送られてきます。あなたのスマホにダウンロードしてお使いください。

この画像を手に入れたあなたに、**すばらしい開運**が訪れますことをお祈り申し上げます。

さて、本書を気に入ってくださった方へのお願いです。

ぜひ私のＳＮＳメディア（YouTube、Blog、Instagram、Twitter、Voicy）をご覧ください。本書には書ききれなかった龍神様についての最新情報を、毎日無料で発信しています。

また、私はリアルの場でみなさんとお会いする機会をたびたび設けています。

リアルの場でお会いできる講演会などの情報は、SNSで随時発信しています。
SNSをフォローしていただき、ぜひリアルの場でお会いしましょう！
あなたと私のご縁は龍神様がつないでくださいました。
私はこのご縁をずっと大切にしていきます。
これからもどうぞよろしくお願いいたします。
それでは、次回作やリアルの場でまたお会いしましょう！

金運龍如爆上《きんうんりゅうじょばくじょう》！

龍と海と富士山がよく見えるオフィスにて

SHINGO

※本書の印税は、「はじめに」で紹介しました玉置《たまき》神社様に全額寄付させていただきます。

本書は、本文庫のために書き下ろされたものです。

龍神《りゅうじん》のすごい浄《じょう》化《か》術《じゅつ》

著者　SHINGO（しんご）
発行者　押鐘太陽
発行所　株式会社三笠書房
〒102-0072 東京都千代田区飯田橋3-3-1
電話　03-5226-5734（営業部）03-5226-5731（編集部）
https://www.mikasashobo.co.jp
印刷　誠宏印刷
製本　ナショナル製本

ISBN978-4-8379-3035-8 C0130

王様文庫

王様文庫

神さまと前祝い

キャメレオン竹田

運気が爆上がりするアメイジングな方法とは？　「よい結果になる」と確信して先に祝うだけで願いは次々叶う！　☆前祝いは、六十八秒以上　☆ストレスと無縁になる「前祝い味噌汁」……「特製・キラキラ王冠」シール&おすすめ「パワースポット」つき！

あと少し「直感」を生かすと人生が変わる！

八木龍平

自分の中の「ふしぎなパワー」に気づいていますか？　「ハッ！」と急に思いつく、決断したら安心した……その「ひらめき」はホンモノです。　◎頭を空っぽにして「問いを立てる」　◎どんな時も「自分を許す」——リュウ博士が教える「願い」と「現実」をつなぐ一番簡単な方法。

数字のパワーで「いいこと」がたくさん起こる！

シウマ

テレビで話題の琉球風水志シウマが教える、スマホ、キャッシュカードなど身の回りにある番号を変えて大開運する方法！　◎あの人がいつもツイてるのは「15」のおかげ？　◎初対面でうまくいくには「17」の力を借りて……☆不思議なほど運がよくなる「球数」カードつき！

K30614

最強浄化パワー
龍のお守りカード

切り取って、お守りとしてお使いください。
龍のエネルギーが
あなたを包んでくれます！